Charles Haddon Spurgeon

Es steht geschrieben

Die Bibel im Kampf des Glaubens

Verlag Evangelische Gesellschaft Wuppertal
Oncken Verlag Wuppertal und Kassel

4. Auflage 1987

Aus dem Englischen übersetzt von E. Spliedt u. a.
bearbeitet von Wolfgang Bühne

Umschlaggestaltung: Carsten Buschke, Leichlingen 2
Gesamtherstellung: Ebner Ulm
ISBN 3-7893-7083-5 (Oncken)
ISBN 3-87857-161-5 (Ev. Gesellschaft)

Vorwort

»Gottes Wort ist unsere erste und letzte Instanz.« Dieser evangelische Grundsatz war ein Leitmotiv im Leben und in der Verkündigung des Predigers Charles Haddon Spurgeon. Rückblickend konnte er feststellen: »Nachdem ich das Evangelium vierzig Jahre lang gepredigt habe und die gehaltenen Predigten seit mehr als sechsunddreißig Jahren drukken lasse, so daß die Woche für Woche erschienenen Predigten die Zahl von 2200 erreicht haben, bin ich wohl berechtigt, über die Fülle und den Reichtum der Bibel zu sprechen. Sie ist unerschöpflich.«

Um den nie versiegenden Reichtum dieser einzigartigen Quelle des christlichen Glaubens geht es in diesem Büchlein. Am Anfang steht jener berühmte Vortrag, den Spurgeon, schon von schwerer Krankheit gezeichnet, 1891 vor Pastoren gehalten hat, die an seinem College ausgebildet worden waren. Diese Rede erschien unter dem Titel »Der größte Kampf in der Welt« sofort im Druck und wurde als »C. H. Spurgeons Letztes Manifest« seinerzeit in über 30000 Exemplaren allen Geistlichen in England, gleich welcher Konfession, zugeschickt. Auch eine deutsche Übersetzung erschien noch im selben Jahr. Der Vortrag gilt zu Recht als Spurgeons geistliches Testament. Mit Vehemenz schärft er den Christen und besonders den Verkündigern des Evangeliums ein, nicht den Kampf des Glaubens, den Kreuzzug gegen Irrtum und Sünde, zu vernachlässigen. Er fordert sie eindringlich anhand von Epheser 6,16 auf: »Vor allem ergreift den Schild des Glaubens, mit dem ihr alle feurigen Pfeile des Bösen auslöschen könnt, und nehmt den Helm des Heils und das Schwert des Geistes das ist das Wort Gottes«. Überzeugt und überzeugend bringt Spurgeon den Dreiklang Wort Gottes – Gemeinde – Heiliger Geist zum Klingen, bei dem jeder Ton seine Bedeutung hat und doch alle drei zusammengehören.

Es ist ein Gewinn, angesichts der damaligen und heute wieder besonders aktuellen Diskussionen über die Autorität der Heiligen Schrift die Stimme des »Fürsten unter den Predigern« hierzu zu hören. Er hat gelegentlich geäußert: »Ich meine, die Zeit sei vorüber, da man es für eine notwendige Aufgabe hielt, die Bibel zu verteidigen. Sie ist nun so oft verteidigt worden, daß alles weitere in dieser Richtung unnötig ist.« So erleben wir hier Spurgeon auch nicht als einen, der argumentierend und lavierend eine Stellung zu halten versucht, sondern wie er in der ihm eigenen Art vor-geht und zum Vor-gehen mit dem Evangelium Mut macht.

»Die Bibel ist nicht Christus«, hat er an anderer Stelle erklärt, »aber sie weist auf ihn hin. Ruh dich nicht auf deiner Bibel aus, als ob sie dich erretten könnte; wegen deiner Errettung mußt du schon zu Christus selber gehen. Aber wenn du an Christus glaubst, mach dich daran, andere zu ihm zu führen, und wie könntest du dies besser tun, als wenn du alles daran setzt, daß die Bibel überallhin verbreitet wird?« Und »prüfe das Wort Gottes im täglichen Leben!«

Es war Spurgeons feste Überzeugung und zugleich die Erfahrung seines Lebens im Glauben: Nur mit der Bibel ist der Kampf des Glaubens zu bestehen, nur eine das Wort Gottes hochachtende Gemeinde wird der Heilige Geist segnen.

Gleichsam als Probe aufs Exempel ist eine Predigt Spurgeons über den Gebrauch der Bibel angefügt. Darin stellt er jungen Christen (und nicht nur ihnen) anhand der Versuchungsgeschichte plastisch vor Augen, wie Jesus selber mit dem Wort Gottes umgegangen ist. »Es steht geschrieben« heißt die Waffe, mit der im »guten Kampf des Glaubens« siegreich gefochten wird. Oder, wie Spurgeon ein andermal gesagt hat: »Wenn wir von der Schrift erzogen und ausgebildet worden sind, sind wir vorbereitet für die Zeit und für die Ewigkeit.«

Günter Balders

INHALT

Der größte Kampf 7

1. Unsere Waffenkammer – Gottes Wort 12
2. Unser Heer – die Gemeinde Gottes 45
3. Unsere Kraft – der Heilige Geist 57

Es steht geschrieben 73

1. Die Bibel – die Waffe unseres Herrn 75
2. Die Bibel – wozu sie gebraucht wird 83
3. Die Bibel – wie sie zu gebrauchen ist 91

Der größte Kampf

Diese Ansprache liegt mir schon viele Monate schwer auf dem Herzen. Sie ist für mich das Kind vieler Gebete. Eine Konferenz wie diese ist es wert, die besten Vorträge zu hören, und so will ich mich bemühen, gut zu sprechen. Aber ich wünsche mir und bete darum, in dieser wie in jeder anderen Sache ganz und gar in den Händen des Herrn zu sein. Ich wäre bereit, mit stammelnder Zunge zu sprechen, wenn Gottes Ziele dadurch völliger erreicht werden könnten. Und ich würde sogar bereit sein, alle Beredsamkeit zu verlieren, wenn Sie sich, weil Sie bei den menschlichen Worten nicht auf Ihre Kosten kommen, dadurch um so besser von geistlicher Speise nähren könnten. Sie wird allein in Ihm gefunden, der das menschgewordene Wort Gottes ist.

Wir als Prediger, davon bin ich überzeugt, sollten uns mit Fleiß vorbereiten und sollten versuchen, im Dienst unseres großen Meisters unser Allerbestes zu geben. Ich habe einmal gelesen, daß eine Handvoll Griechen mit einem wahren Löwenmut einen Paß gegen die Perser verteidigte. Ein Spion beobachtete sie, schlich zurück und berichtete dem Perserkönig, daß es sich um armselige Geschöpfe handeln müsse; sie hätten nämlich Zeit darauf verwendet, ihre Haare zu kämmen! Der König aber sah die Sache in einem andern Licht. Er erkannte, daß diese Leute, die ihr Haar noch vor der Schlacht ordneten, offenkundig auf ihre Köpfe Wert legen und nicht einfach als Feiglinge sterben wollten.

Wenn wir uns darum bemühen, für die *Verkündigung* göttlicher Wahrheiten die beste Ausdrucksweise zu gebrauchen, bietet sich für unsere Gegner der Schluß an, daß wir für *die Wahrheit selbst* noch größere Sorge tragen werden. Wir dürfen keine ungepflegten, nachlässig gekleideten

Leute sein, denn das würde wie Feigheit aussehen. Furchtlos rücken wir vor in die Schlacht gegen falsche Lehre, Weltlichkeit und Sünde. Darum sollte unsere Sprache nicht die der ungeordneten Leidenschaft, sondern die der wohlerwogenen Grundsätze sein. Laßt uns nicht schlampig sein, denn wir hoffen doch zu siegen!

Tun Sie Ihr Werk in dieser Zeit gut, damit alle Menschen sehen können, daß Sie sich nicht davon abbringen lassen wollen. Ein Perser sagte, als er bei einer anderen Gelegenheit einige wenige Krieger vorrücken sah: »Diese Handvoll Männer? Sie können doch nicht im Ernst vorhaben zu kämpfen!« Jedoch einer der Umstehenden sagte: »Aber das werden sie tun, denn sie haben ihre Schilde poliert und ihre Rüstung glänzend gemacht.« Seien Sie davon überzeugt, die Menschen nehmen es ernst, wenn Sie sich nicht durch Eile in Unordnung treiben lassen.

Wenn wir ein großes Werk für Christus zu tun haben – und das haben wir –, dann werden wir nicht die Kanzel betreten und darauf losreden, was uns so auf die Lippen kommt. Wenn wir für Christus sprechen, dann sollten wir so gut wie möglich sprechen, auch wenn wir wissen, daß die Menschen nicht durch den Glanz der Waffen oder die Haartracht des Kriegers besiegt werden, denn es gehört eine höhere Kraft dazu, die Herzen zu treffen. Zu dem Gott der Heerscharen sehe ich hinauf. Möge Er das Recht verteidigen! Aber ich denke nicht daran, mit nachlässigem Schritt an die Front zu gehen, und ebensowenig überfällt mich ein Zweifel. Wir sind schwach, aber der Herr unser Gott ist mächtig, und es ist viel mehr sein Kampf als unser.

Nur eine Sorge habe ich. Das tiefe Gefühl meiner Verantwortlichkeit könnte die Wirksamkeit meiner Rede schwächen. Ein Mensch kann den Wunsch haben, etwas so gut zu tun, daß er es gerade aus diesem Grund nicht so gut tut, wie er könnte. Ein übergroßes Verantwortungsgefühl kann lähmend wirken. Ich empfahl einst einen jungen Mann einer Bank, und seine Freunde ermahnten ihn zu Recht, sorgfältig zu arbeiten. Diesen Rat hörte er unzählige Mal. Er wurde nun so außerordentlich sorgfältig, daß er nervös wurde und nun aus Angst Fehler über Fehler machte, bis er seine Stelle aufgeben mußte. Es ist möglich, daß man vor lauter Angst, wie und was man reden soll, alles durcheinander wirft und gerade die Punkte vergißt, die man hervorheben wollte.

Wir müssen uns vorbereiten, aber laßt uns auf den Herrn vertrauen, ohne den nichts richtig beginnt, vorankommt und endet.

Ich habe nun den Trost, daß auch dann, wenn ich nicht angemessen über mein Thema reden sollte, der Gegenstand selbst zu Ihnen reden wird. Wenn jemand glänzend über einen Gegenstand spricht, der keine praktische Bedeutung hat, so ist es nicht gut, daß er überhaupt gesprochen hat. Einer der Alten sagte: »Es ist müßig, passend über eine Sache zu reden, die höchst unpassend ist.« Schleift einen Kirschkern mit dem äußersten Geschick, er bleibt doch nur ein Kirschkern, während ein Diamant ein kostbarer Stein bleibt, auch wenn er schlecht geschliffen sein sollte. Ist eine Sache von großer Wichtigkeit, so lohnt es sich, auf sie aufmerksam zu machen, selbst wenn man nicht so reden kann, wie das Thema es wert wäre. Die Gegenstände, die wir jetzt erwägen wollen, müssen erwogen werden. Ich habe sie ausgewählt, weil es sich um dringende Wahrheiten für die Gegenwart handelt, und wenn Sie selber alles noch einmal durchdenken, so wird die Zeit, die Sie mit dem Hören oder Lesen dieser Ansprache verbringen, nicht vergeblich gewesen sein. Ernstlich bete ich darum, daß die folgenden Gedanken der Besinnung dienen und allen nützlich sind.

Glücklicherweise sind die Themen von der Art, daß ich sie durch Beispiele erläutern kann. Wie ein Schmied seinen Lehrling unterrichtet, *während* er ein Hufeisen macht, ja, *dadurch daß* er ein Hufeisen macht, so können wir unsere eigenen Predigten zu Beispielen der in ihnen enthaltenen Lehre machen. Wir können Predigt und Praxis miteinander verbinden, wenn der Herr mit uns ist.

Jemand, der Vorträge über Kochkunst hält, unterrichtet seine Schüler, indem er seine eigenen Rezepte ausführt. Er bereitet vor seinen Zuhörern ein Gericht, und während er die Zutaten und ihre Zubereitung beschreibt, kostet er selbst von der Speise, und auch die anderen Anwesenden können davon essen. Er wird durch seine köstlichen Gerichte Erfolg haben, auch wenn er kein Mann der Rede ist. Wenn die Gegenstände, die wir unsern Zuhörern vorlegen, in sich gut sind, so werden sie eine Entschuldigung für unsere mangelhafte Vortragsweise sein. Solange die Gäste nur die geistliche Speise bekommen, mag der Diener am Tisch getrost vergessen werden.

Meine Themen haben es mit unserem Lebenswerk zu tun, mit dem Kreuzzug gegen Sünde und Irrtum. Ich hoffe, daß sich jeder von uns verpflichtet hat, für Christus und sein Kreuz zu arbeiten, und nicht zufrieden ist, bis Christi Feinde in die Flucht geschlagen sind. Unsere Väter pflegten zu sagen, »die Wahrheit ist eine Sache Gottes«. Für diese kämpfen wir, die Wenigen gegen die Vielen, die Schwachen gegen die Mächtigen. Ach, daß wir uns als gute Streiter Jesu Christi erweisen möchten!

Drei Dinge sind nun von äußerster Wichtigkeit. Das erste ist *unsere Waffenkammer, das inspirierte Wort Gottes.* Das zweite ist *unser Heer, die Gemeinde des lebendigen*

Gottes, von ihm selbst berufen, die wir unter seinem Befehl führen müssen. Das dritte ist *unsere Kraft*, mit der wir die Rüstung tragen und das Schwert ergreifen. Es ist der Heilige Geist. Er ist unsere Kraft, zu sein und zu handeln, zu leiden und zu dienen, zu wachsen und zu kämpfen, zu ringen und zu überwinden. Das dritte Thema ist das allerwichtigste, auch wenn wir es zuletzt behandeln.

1. *Unsere Waffenkammer – Gottes Wort*

Wir wollen mit unserer Waffenkammer beginnen. Diese Waffenkammer ist für mich – und ich hoffe für jeden von Ihnen – *die Bibel.* Für uns ist die Heilige Schrift »wie der Turm Davids, der für Waffen gebaut ist: tausend Schilde hängen daran, alle Schilde der Helden« (Hld. 4,4). Wenn wir Waffen suchen, dann müssen wir hierher kommen. Ob wir das Schwert zum Angreifen oder den Schild zur Verteidigung suchen, wir werden beides in diesem Buch finden. Wenn andere ein anderes Waffenmagazin haben, so bekenne ich, daß ich kein anderes habe. Ich habe nichts anderes mehr zu predigen, wenn ich mit diesem Buch fertig bin. In der Tat, ich habe kein Interesse überhaupt noch zu predigen, wenn ich nicht fortfahren darf, die Gegenstände auszulegen, die ich in diesen Blättern finde. Gibt es etwas anderes, was des Predigens wert wäre? Brüder, die Wahrheit Gottes ist der einzige Schatz, den wir suchen, und die Schrift ist das einzige Feld, in welchem wir danach graben.

Wir brauchen nicht mehr als das, was Gott für gut befunden hat, uns zu offenbaren. Gewisse irrende Geister sind niemals daheim, bis sie draußen sind: sie schmachten nach einem Etwas, das sie meiner Meinung nach niemals finden werden. Sie geben keine Ruhe, denn mit einer unfehlbaren Offenbarung wollen sie nichts zu tun haben. Für den Augenblick rühmen sie sich, als wenn sie durch ihr letztes neues Spielzeug befriedigt wären; aber in einigen Monaten ist es ihnen ein Zeitvertreib, alle Ideen in Stücke zu reißen, die sie vorher mit Sorgfalt entwickelten und mit Freuden zur Schau trugen. Sie gehen einen Hügel hinauf, nur um wieder herabzukommen. Sie sagen, daß das Streben nach Wahrheit besser sei als die Wahrheit selbst. Sie lieben das Fischen mehr als die Fische, was wohl stimmen wird, denn ihre Fische sind sehr klein und voller Gräten. Diese Männer sind ebenso groß im Zerstören ihrer eigenen Theorien wie gewisse Bettler im Zerreißen ihrer Kleider. Sie sind wie Blätter, die vom Wind herumgewirbelt werden, oder »wie das aufgewühlte Meer, das nicht still sein kann und dessen Wellen Schlamm und Unrat auswerfen« (Jes. 57,20). Obwohl die Wolke ihrer Ideen nicht die Wolke ist, welche die göttliche Gegenwart anzeigt, so bewegt sie sich doch stets vor ihnen her, und kaum sind ihre Zelte aufgeschlagen, so ist es schon wieder Zeit, die Pflöcke herauszuziehen. Diese Leute suchen nicht einmal Gewißheit, ihr Himmel liegt darin, daß sie alle feste Wahrheit scheuen und jedem Irrlicht der Spekulation folgen, »die immerzu auf neue Lehren aus sind und doch nie zur Erkenntnis der Wahrheit kommen können« (2. Tim. 3,7).

Was uns betrifft, wir gehen im Hafen des Wortes Gottes vor Anker. Hier ist unser Friede, unsere Stärke, unser Leben, unsere Kraft, unsere Hoffnung, unser Glück. Gottes Wort ist unsere erste und letzte Instanz. Unser Verstand ruft: »Ich habe es gefunden«, unser Gewissen versichert, daß es die Wahrheit ist, und unser Herz findet hier einen Halt, an dem es mit all seinen Empfindungen hängen kann, und deshalb ruhen wir zufrieden.

Wenn die Offenbarung Gottes nicht genug für unseren Glauben wäre, was könnten wir ihr hinzufügen? Wer kann diese Frage beantworten? Schon nach kurzer Überlegung kämen wir dahin, die anziehendsten Worte der Menschen zu verlachen und zu verspotten, wenn man vorschlagen würde, sie dem Worte Gottes hinzuzufügen. Das Gewebe würde nicht aus einem Stück sein. Würde man Lumpen zu einem königlichen Gewand hinzufügen? Würde man den Straßenschmutz in des Königs Schatzkammer aufhäufen?

Würde man die Kieselsteine vom Strand mit den Diamanten des Kronschatzes zusammentun? Irgend etwas mehr zu glauben und als das Leben der Menschen zu predigen, als das, was uns Gottes Wort vor Augen stellt, scheint uns völlig unsinnig. Und doch stehen wir einer Generation von Menschen gegenüber, die beständig eine neue Kraft und ein neues Evangelium für ihre Kirchen entdecken wollen. Die Decke ihres Bettes scheint ihnen nicht lang genug, und sie möchten gerne ein paar Ellen des aus Wolle und Leinen gemengten Stoffes von dem Unitarier, dem Agnostiker oder selbst von dem Atheisten borgen.

Nun, wenn irgendeine geistliche Kraft oder himmelwärts ziehende Macht zu finden ist, außer der, die in diesem Buch beschrieben ist, so denke ich, wir können sie entbehren. Sie muß etwas so Trügerisches oder gar Betrügerisches sein, daß wir besser ohne sie auskommen. Die Schrift ist in ihrer eigenen Sphäre, wie Gott es im Universum ist: allgenugsam. In ihr ist alles Licht und alle Macht geoffenbart, deren die Seele des Menschen in geistlichen Dingen bedarf. Wir hören hier und da von einer anderen Antriebskraft als der, die in der Schrift liegt, aber wir glauben, daß solche Kraft ein anmaßendes Nichts ist.

Ein Zug ist entgleist oder aus anderen Ursachen auf der Strecke liegengeblieben und kann nicht weiterfahren. Zuschauer finden sich ein. Dann kommen Hilfslokomotiven heran, Maschinen werden herbeigebracht, um das große Hindernis aus dem Weg zu räumen. Zunächst scheint sich nichts zu bewegen, die Maschinenkraft reicht nicht aus. Doch horch! Ein kleiner Junge hat's. Er ruft: »Vater, wenn sie nicht Kraft genug haben, will ich ihnen mein Schaukelpferd zur Hilfe leihen«.

Uns wurden in letzter Zeit eine beträchtliche Anzahl Schaukelpferde angeboten, sie haben nicht viel in Bewegung gebracht, soweit ich sehen kann, aber sie versprechen viel. Ich fürchte, sie haben mehr zum Schaden als zum Guten gewirkt: sie haben die Leute zum Spott gereizt und aus den Kirchen und Kapellen getrieben, in die sie sich einst fröhlich drängten. Die neuen Spielzeuge sind zur Schau gestellt worden, und die Leute sind, nachdem sie sie ein wenig angesehen haben, in andere Spielzeugläden gegangen. Die schönen, neuen Nichtigkeiten haben nichts Gutes bewirkt und werden nichts Gutes bewirken, solange die Welt steht. Das Wort Gottes ist durchaus für alle Zeiten genügend, um Menschenseelen anzuziehen und zu segnen; die neuen Dinge schlagen bald fehl. »Aber«, ruft einer, »wir müssen unsere eigenen Gedanken hinzufügen.« Mein Bruder, denken sollen Sie, aber die Gedanken Gottes sind besser als Ihre. Sie mögen Ihre schönen Gedanken verbreiten wie die Blätter im Herbst; aber es ist einer, der mehr von Ihren Gedanken weiß als Sie, und der hält wenig davon. Steht nicht geschrieben: »Der Herr kennt die Gedanken der Menschen: sie sind nur ein Hauch« (Ps. 94,11)? Unsere Gedanken mit den großen Gedanken Gottes zu vergleichen, würde eine große Torheit sein. Wollen wir unser Licht bringen, um die Sonne zu beleuchten; unser Nichts, um das ewige All zu füllen? Es ist besser, vor dem Herrn zu schweigen, als davon zu träumen, das zu ergänzen, was er gesprochen hat. Das Wort des Herrn verhält sich zu den Begriffen der Menschen wie ein Garten zu einer Wüste. Halten Sie sich innerhalb der Deckel dieses Buches, der Heiligen Schrift, dann sind Sie in dem Land, wo Milch und Honig fließt; warum sollten wir versuchen, Wüstensand hinzuzufügen?

Versuchen Sie nicht, aus dem vollkommenen Buch etwas zu entfernen. Wenn Sie etwas Schwieriges finden, so lassen Sie es stehn und predigen Sie es im Verhältnis zu den anderen Glaubenslehren. Was Gott für wert hält zu offenbaren, ist wert, daß wir es predigen; und damit beanspruche ich noch zuwenig dafür. »Der Mensch lebt von jedem Wort, daß durch den Mund Gottes ausgeht« (Mt. 4,4). Bringen Sie jede offenbarte Wahrheit zur rechten Zeit hervor. Gehen Sie nicht anderswohin, um ein Thema zu finden; bei einem solch unendlichen Reichtum vor Ihnen kann das gar nicht nötig sein.

Die Brauchbarkeit dieser Vorräte für unsere Kriegsführung haben wir schon erprobt. Die Waffen unserer Rüstkammer sind die allerbesten, denn sie haben sich bewährt. Die Jüngeren haben bisher den Umgang mit der Schrift nur wenig geübt. Aber andere von uns, die schon grau geworden sind, können versichern, daß sie das Wort erprobt haben, wie das Silber in einem Schmelzofen geprüft wird, und es hat jede Prüfung bestanden.

Das Heilige Wort hat mehr Kritik erduldet, als irgendeine allgemein anerkannte Lehre der Philosophie oder Wissenschaft, und es hat jede Feuerprobe überstanden. Ein Theologe unserer Tage sagte einmal: »Wenn die, welche das Wort Gottes jetzt angreifen, gestorben sind, werden ihre Leichenpredigten durch dieses Buch gehalten werden, und es wird nicht ein Vers ausgelassen werden, vom ersten Blatt der Genesis bis zur letzten Seite der Offenbarung.« Einige von uns haben viele Jahre lang im täglichen Kampf gelebt und fortwährend das Wort Gottes auf die Probe gestellt. Wir können Ihnen versichern, daß es jedem Bedürfnis entspricht. Nachdem wir dieses zweischneidige Schwert gegen Panzer und eiserne Schilde gebraucht haben, finden wir keine Kerbe in seiner Schneide. Es ist im Gefecht weder zerbrochen noch abgestumpft. Selbst im Kampf gegen den Teufel hat es doch kein Zeichen einer Beschädigung davongetragen. Heute ist es noch dasselbe mächtige Wort Gottes, das es in den Händen unseres Herrn Jesu war.

Wie stärkt es uns, wenn wir der vielen Siege gedenken, die wir durch das Schwert des Geistes gewonnen haben! Hat jemand von Ihnen je von einer Bekehrung gehört und erfahren, die durch eine andere Lehre als die des Wortes Gottes gewirkt wurde? Ich möchte gerne ein Verzeichnis von solchen Bekehrungen haben, welche die neue Theologie hervorgebracht hat. Ich wollte ein Exemplar eines solchen Werkes abonnieren. Ich kann nicht sagen, was ich damit tun würde, aber ich würde wenigstens den Absatz um ein Exemplar vermehren, um festzustellen, was die fortschrittliche Theologie behauptet, geleistet zu haben.

Bekehrungen durch die Lehre der Allversöhnung?

Bekehrungen durch die Lehre einer zweifelhaften Inspiration?

Bekehrungen zu der Liebe Gottes und zum Glauben an seinen Christus durch die Lehre, daß der Tod des Heilandes nur ein vollendetes großes Beispiel sei, aber kein stellvertretendes Opfer?

Bekehrungen durch ein Evangelium, aus dem alles Evangelium ausgetrocknet ist?

Man sagt »Wunder werden niemals aufhören«, aber solche Wunder werden niemals anfangen. Laßt sie von Herzensänderungen berichten, die durch solche Lehre bewirkt wurden und uns Gelegenheit geben, sie zu prüfen, dann können wir erwägen, ob es der Mühe wert ist, das Wort Gottes zu verlassen, das wir in hunderten und tausenden von Fällen auf die Probe gestellt haben und wirksam zum Heil gefunden haben.

Wir wissen, warum diese Theologen über Bekehrungen spotten; diese sind Trauben, die solche Füchse nicht erreichen können, und deshalb sind sie ihnen zu sauer. So gewiß wir an die neue Geburt glauben und noch erwarten, sie in vielen Fällen zu sehen, werden wir bei dem Wort der Wahrheit bleiben, durch das der Heilige Geist die Wiedergeburt wirkt. Mit einem Wort: in unserem Krieg werden wir bei der alten Waffe, dem Schwert des Geistes bleiben, bis wir eine bessere finden können. »Seinesgleichen gibt es nicht; gib es mir!« (1. Sam. 21,10). Das ist unsere Losung.

Wie oft haben wir erlebt, daß das Wort Gottes kräftig tröstet! Es ist in der Tat schwierig, zerbrochene Herzen zu behandeln. Wie unfähig habe ich mich oft gefühlt, wenn ich versuchte, einen Gefangenen aus dem Schloß des Riesen Verzweiflung zu befreien! Wie schwer ist es, die Verzagtheit zur Hoffnung zu überreden! Wie oft habe ich versucht, ein verletztes Wild durch jede mir bekannte Kunst zu fangen! Aber wenn ich es beinahe zu fassen hatte, so wühlte sich das Geschöpf ein anderes Loch! Der angstvolle Sünder braucht jedes Argument, um zu beweisen, daß er nicht errettet werden kann. Die Erfindungen der Verzweiflung sind so zahlreich wie die Kunstgriffe des Selbstvertrauens. Man kann kein Licht in den dunklen Keller des Zweifels hineinlassen, ausgenommen durch das Fenster des Wortes Gottes. In der Schrift ist Balsam für jede Wunde, Salbe für jedes Geschwür. Oft haben wir das Wort des Herrn als den »Trostbecher« benutzt und der hat nie versagt, die Verzagten zu ermuntern. Wir wissen, was wir sagen, denn wir haben die gesegneten Tatsachen gesehen: die Worte der Wahrheit, die der Heilige Geist ins Herz drückte, haben denen Friede und Freude gebracht, die in der Finsternis und im Tal der Todesschatten saßen.

Wir haben auch die Vortrefflichkeit des Wortes in der Erbauung der Gläubigen und im Hervorbringen von Gerechtigkeit, Heiligkeit und guten Werken beobachtet. Uns wird in diesen Tagen immer von der »ethischen« Seite des Evangeliums erzählt. Mir tun diejenigen leid, denen diese Seite etwas Neues ist. Haben sie diese nicht früher entdeckt? Wir haben immer mit der ethischen Seite des Evangeliums zu tun gehabt, wir finden es überall ethisch. Es gibt keine wahre Lehre, die nicht fruchtbar an guten Werken gewesen ist. Payson sagte weise: »Wenn eine Tatsache, eine Lehre oder eine Verheißung der Bibel keine praktische Wirkung auf euer Temperament oder euer Verhalten gehabt hat, so seid gewiß, daß ihr sie nicht wirklich glaubt.« Alle Lehre der Schrift hat ihren praktischen Zweck und ihr praktisches Resultat.

Was ich sagen will, ist dies: Wenn wir *mit* dem Baum weniger Früchte als gewünscht haben, so wird gar keine Frucht da sein, wenn der Baum fort ist und die Wurzeln ausgegraben sind. Die wahre Wurzel eines geheiligten Lebens liegt in dem Evangelium unseres Herrn Jesu Christi, und wenn dies weggenommen wird, um mehr Fruchtbarkeit zu erzeugen, begeht man die erstaunlichste Torheit. Wir haben gesehen, daß die Botschaft von der Gnade eine vorbildliche Sittlichkeit, eine strenge Lauterkeit, eine zarte Reinheit, und – was mehr ist, eine ernste Heiligkeit bewirkt hat. Wir sehen tätige Hingabe im Leben, wir sehen ruhige Ergebung in der Stunde des Leidens, wir sehen freudige Zuversicht angesichts des Todes, und das nicht nur in einzelnen Fällen, sondern als das allgemeine Ergebnis des Glaubens an das, was die Schrift sagt. Wir haben gesehen, wie arme Männer und Frauen sich Christus hingeben und für ihn leben in einer Weise, daß unsere Herzen sich in Anbetung vor dem Gott der Gnade beugten. Wir haben gesagt: »Es muß ein wahres *Evangelium* sein, das ein Leben, wie das dieser Menschen, verändern kann.« Wenn wir nicht soviel über Morallehren geredet haben wie einige, so fällt uns ein altes Sprichwort ein: »Geht hierhin, wenn ihr von guten

Werken hören wollt, aber anderswohin, wenn ihr sie sehen wollt«. Viel Reden, wenig Arbeit. Viel Geschrei und wenig Wolle. Manche haben gute Werke gepredigt, bis kaum noch ein anständiger Mensch im Kirchenkreis übrig war, während andere die freie Gnade und die Liebe am Kreuz so predigten, daß Sünder Heilige wurden und wie fruchtbeladene Zweige waren zum Lob und zur Ehre Gottes. Da wir die Ernte gesehen haben, die aus diesem Samen aufwächst, werden wir den nicht nach den Vorschriften dieses grillenhaften Zeitalters ändern.

Wir haben die Kraft des Wortes Gottes am Krankenbett gesehen und erprobt. Ich stand vor einigen Tagen am Lager eines unserer Ältesten, der dem Tode nahe schien, und es war wie ein Himmel auf Erden, mit ihm zu sprechen. Ich habe bei einer Hochzeit nie soviel Freude erlebt wie in diesem stillen Zimmer. Er hoffte bald bei Jesus zu sein und war voll Freude bei dieser Aussicht. Er sagte: »Ich habe keine Wolke über mir, habe keinen Zweifel, keine Unruhe, keinen Mangel; nein, ich habe nicht einmal einen Wunsch. Die Botschaft, die Sie predigten, hat mir im Leben genügt und genügt mir jetzt im Sterben. Meine Ruhe ist das teure Blut Christi, und das ist ein fester Grund.« Dann fügte er hinzu: »Wie albern kommen mir jetzt all die Aufsätze gegen das Evangelium vor! Ich habe einige davon gelesen und habe die Angriffe auf den alten Glauben beachtet, aber sie scheinen mir nun an der Schwelle zur Ewigkeit ganz unsinnig zu sein. Was könnte die neue Lehre jetzt für mich tun?« Ich kam sehr erfreut und gestärkt von meinem Besuch zurück und war persönlich um so mehr geströstet, weil es die Botschaft war, die ich beständig gepredigt habe, die meinem Freund so zum Segen wurde. Wenn Gott sie bei einem so armseligen Werkzeug wie mich so gesegnet hat, dann muß das Wort Gottes selbst gut sein. Ich bin nie so glücklich wie an dem Tag, an dem ich das Zeugnis eines Sterbenden höre, der auf dem ewigen Evangelium von der Gnade Gottes ruht. Predigen Sie das, was Menschen fähig macht, dem Tod ohne Furcht ins Angesicht zu schauen, so werden Sie nichts anderes als das alte Evangelium predigen.

Brüder, wir wollen uns mit dem umgürten, womit Gott selbst uns in der Waffenkammer der von ihm eingegebenen Schrift versorgt hat. Jede Waffe darin ist oftmals erprobt, und niemals hat sich ein Teil dieser unserer Rüstung als mangelhaft erwiesen.

Außerdem werden wir stets an dem Wort Gottes festhalten, *weil wir seine Macht in uns selbst erfahren haben.* Es ist doch noch nicht so lange her, daß wir es vergessen haben werden, wie das Wort Gottes – einem Hammer gleich – unser hartes Herz brach und unseren widerspenstigen Willen bezwang. Durch das Wort des Herrn wurden wir zum Kreuz geführt und durch die Versöhnung getröstet. Das Wort hauchte uns ein neues Leben ein, und als uns zum ersten Mal bewußt wurde, daß wir ein Kind Gottes sind, da fühlten wir die verändernde Kraft des Evangeliums. Der Heilige Geist bewirkte unsere Errettung durch die Heilige Schrift. Wir führen unsere Bekehrung allein auf das Wort Gottes zurück. Wer immer der Mann gewesen sein mag, der sprach, oder was für ein Buch es auch war, in dem wir lasen, es war nicht Menschenwort und nicht Gedanken der Menschen über Gottes Wort, sondern das Wort selbst, welches uns zur Erkenntnis des Heils in dem Herrn Jesus führte. Es war weder menschliche Beweisführung, noch die Kraft der Beredsamkeit, noch die Macht moralischer Überzeugung, sondern die Allmacht des Heiligen Geistes, der selber das Wort ins Herz drückte, das uns Ruhe, Frieden und Freude durch den Glauben gab. Wir selbst sind Trophäen der

Macht, die das Schwert des Geistes hat. Er führt uns im Triumph überall hin, als die willigen Gefangenen seiner Gnade. Möge sich niemand wundern, daß wir uns genau daran halten.

Wie oft ist Ihnen seit Ihrer Bekehrung die Heilige Schrift alles gewesen! Ich nehme an, Sie haben geistliche Schwächeanfälle gehabt: sind Sie nicht wiederhergestellt worden durch das köstliche Stärkungsmittel der Verheißungen des treuen Gottes? Eine Schriftstelle, die dem Herzen eingedrückt wird, belebt rasch das schwache Herz, und es schlägt wieder kräftig. Die Menschen sprechen von Wassern, welche die Lebensgeister wieder erneuern, und von Elixieren, welche die Konstitution stärken; aber das Wort Gottes ist uns unzähligemal wertvoller gewesen als diese. In schweren und starken Versuchungen und bitteren Leiden hat das Wort Gottes uns bewahrt. Entmutigungen, die unsere Hoffnungen dämpften, und Enttäuschungen, die unsere Herzen verwundeten, lernten wir tragen, weil die Verheißungen, die wir in unserer Bibel fanden, uns eine verborgene, nie versiegende Quelle der Energie wurden.

Brüder, wir haben erfahren, daß das Wort Gottes uns zu Gott und zum Himmel emporheben kann. Wenn Sie Bücher studieren, die dem geoffenbarten Buch entgegenstehen, haben Sie dann nicht den Eindruck, daß Sie heruntergezogen werden? Ich habe einige Menschen gekannt, auf die solche Lektüre wie ein tödlicher Dunstkreis wirkte. Ja, ich darf hinzufügen, daß Vernachlässigung des Bibellesens, selbst um guter Bücher willen, bald ein spürbares Absteigen des geistlichen Lebens zur Folge haben würde. Ist es Ihnen nicht auch schon so ergangen, daß selbst fromme Bücher Ihnen mehr wie eine Ebene vorkamen, auf die Sie hinabblickten, als wie ein Gipfel, zu dem Sie hinaufstrebten? Sie hatten schon längst diese Höhe erreicht und gelangten durch das Lesen solcher Bücher nicht höher; es ist müßig, die kostbare Zeit damit zu verbringen. Hatten Sie jemals den Eindruck, daß die einfachsten Lehren der Heiligen Schrift die Tendenz hatten, Sie abwärts zu ziehen? Niemals! In dem Maße, wie Ihre Seele von der Heiligen Schrift durchdrungen wird, merken Sie, wie Sie emporgetragen werden. Sie kehren selten von einem einsamen Bibellesen zurück ohne das Gefühl, daß Sie sich Gott genähert haben. Das betende Studium des Wortes ist nicht nur ein Mittel zur Unterweisung, sondern eine Übung der Andacht, bei der sich immer die umwandelnde Macht der Gnade zeigt und uns in das Bild dessen verwandelt, den das Wort abspiegelt.

Ist denn im Grunde irgend etwas dem Wort Gottes gleich, wenn das offene Buch offene Herzen findet? Wenn ich über das Leben solcher Männer wie Baxter, Bunyan, Carey und vieler anderer lese, so geht es mir wie einem Menschen, der auf einer langen Reise staubig und erschöpft in einem kühlen Bach badet. Das kommt daher, daß solche Männer die Heilige Schrift in ihrem Leben verkörperten und sie durch ihre Erfahrungen erläutert wird. Das »Wasserbad im Wort« war es, was sie hatten und was wir nötig haben. Wir müssen es da empfangen, wo sie es fanden. Die Wirkungen der Wahrheit Gottes im Leben geheiligter Männer zu sehen, festigt den Glauben und treibt zu heiligem Eifer an. Andere Einflüsse helfen uns nicht zu einer entschiedenen Hingabe an den Herrn. Wenn Sie die babylonischen Bücher der Gegenwart lesen, so werden Sie von diesem fremdartigen Geist beeinflußt und von dem Herrn abgezogen. Sie können auch viel Schaden durch Theologen erleiden, die vorgeben, die Sprache Jerusalems zu sprechen, aber »zur Hälfte asdoditisch reden« (Neh. 13,24). Diese werden Ihren Geist verwirren und Ihren Glauben beflecken. Es kann sein, daß ein Buch, welches im ganzen gut ist – mit einer kleinen Ausnahme! – Ihnen mehr Schaden zufügt als ein offensichtlich schlechtes.

Wenn Sie die neueren Bücher lesen, so werden Sie, obwohl darin kein greifbarer Irrtum zum Vorschein kommt, doch manchmal das Gefühl haben, als ob etwas verdreht wird und als wenn Ihr inneres Leben eine Stufe tiefer gesunken wäre; seien Sie deshalb auf der Hut!

Bei Ihrer Bibel werden Sie immer ein Gefühl der Sicherheit haben. Jede Seite bringt Ihnen einen Hauch von Leben und Gesundheit. Wenn Sie sich eng an das von Gott eingegebene Buch halten, so können Sie keinen Schaden erleiden. Sie sind an der Quelle alles sittlich und geistlich Guten. Hier haben Sie passende Nahrung für Männer Gottes. Hier haben Sie das Brot für das höchste Leben!

Nachdem ich das Evangelium vierzig Jahre lang gepredigt habe und die gehaltenen Predigten seit mehr als sechsunddreißig Jahren drucken lasse, so daß die Woche für Woche erschienenen Predigten die Zahl von 2200 erreicht haben, bin ich wohl berechtigt, über die Fülle und den Reichtum der Bibel zu sprechen. Brüder, sie ist unerschöpflich. Keine Frage über Lebendigkeit und Frische der Verkündigung wird aufkommen, wenn wir uns eng an den Text des heiligen Buches halten. Es kann nicht schwierig sein, Themen zu finden, die sich völlig von denen unterscheiden, die wir früher behandelt haben, denn die Vielfalt des Wortes Gottes ist ebenso unendlich wie seine Fülle. In den vierzig Jahren meiner eigenen Predigttätigkeit habe ich nur den Saum des Gewandes göttlicher Wahrheit berührt, aber welche Kraft ist daraus geflossen! Das Wort ist wie sein Urheber: grenzenlos, unermeßlich und ohne Ende. Wäre es Ihre Aufgabe, in alle Ewigkeit zu predigen, Sie würden ein Thema vor sich haben, das den immerwährenden Anforderungen entspräche.

Da der Herr uns mit diesem Arsenal versorgt hat und wir kein anderes *brauchen,* sind wir entschlossen, das Wort Gottes allein und mit größter Energie zu *gebrauchen.* Wir sind entschlossen – und ich hoffe, daß niemand unter uns anders denkt – unsere Bibel besser kennenzulernen. Kennen wir das heilige Buch halb so gut, wie wir es kennen sollten? Haben wir uns um eine solch vollständige Kenntnis des Wortes Gottes bemüht, wie mancher Kritiker sie von seinem Lieblingsklassiker erlangt hat? Ist es nicht möglich, daß wir immer noch Stellen in der Schrift finden, die uns neu sind? Sollte es so sein? Gibt es einen Teil in dem Worte Gottes, den Sie noch nie gelesen haben? Mich ergriff die Bemerkung eines Bruders: wenn er nicht die Schrift vom Anfang bis zum Ende durchläse, dann könnte es inspirierte Lehren geben, die er niemals kennenlernen würde, und deshalb habe er sich entschlossen, die biblischen Bücher der Reihe nach zu lesen, und nachdem er es einmal getan habe, sei er bei dieser Gewohnheit geblieben. Haben einige unter uns es unterlassen, das zu tun? Lassen Sie uns sofort damit beginnen. Ich sehe mit Freuden, wie rasch einige unserer Brüder eine geeignete Stelle aufschlagen und dann eine ähnliche anführen, und alles mit einer dritten krönen können. Sie scheinen genau die Stelle zu kennen, die den Nagel auf den Kopf trifft. Sie haben ihre Bibel nicht nur im Herzen, sondern sofort zur Hand. Dies ist eine sehr wertvolle Hilfe für einen Diener des Wortes. Ein guter Textgelehrter ist ein guter Theologe.

Manche Brüder, die ich um anderer Dinge willen achte, sind in diesem Punkt noch schwach und führen selten einen Bibelvers richtig an; ihre Änderungen sind ein Mißton für den Bibelleser. Es ist leider üblich, daß Prediger einem Vers ein Wort hinzufügen oder weglassen oder auf andere Weise die Sprache der Heiligen Schrift verschlechtern. Wie oft habe ich zum Beispiel Brüder davon sprechen hören, »eure Berufung und Seligkeit festzumachen« (2. Petr. 1,10). Es ist möglich, daß sie das calvinistische Wort »Erwählung« nicht so gern hatten wie wir und es deshalb aus ihrem Sprachschatz strichen. Andere führen die Hälfte eines Verses an und treffen darum nicht den rechten Sinn; ja, in einigen Fällen widersprechen sie ihm sogar. Unsere Ehrfurcht vor dem großen Urheber der Heiligen Schrift sollte uns jede flüchtige Behandlung seiner Worte verbieten. Keine Änderung der Schrift kann irgendwie eine Verbesserung sein. Wer an die wörtliche Inspiration glaubt, sollte große Sorgfalt anwenden, auch im Wortlaut korrekt zu sein. Die Herren, welche Irrtümer in der Schrift sehen, mögen sich für kompetent halten, die Sprache des Herrn der Heerscharen zu verbessern. Wir aber, die wir Gott glauben und gerade die Worte annehmen, die er gebraucht, dürfen diesen anmaßenden Versuch nicht machen. Wir wollen die Worte anführen, wie sie in der genauesten Übersetzung stehen, und es wird noch besser sein, wenn wir den Grundtext kennen und sagen können, wo unsere Übersetzung nicht den richtigen Sinn wiedergibt. Wieviel Unheil kann aus einer zufälligen Änderung eines Wortes entstehen! Wohl denen, die in Übereinstimmung mit der göttlichen Lehre sind und ihren wahren Sinn erkennen, wie der Heilige Geist sie lehrt! Oh, daß wir den Geist der Heiligen Schrift völlig kennen und einsaugen würden, bis wir damit durchdrungen wären! Das ist der Segen, den wir um jeden Preis erlangen möchten.

Durch Gottes Gnade nehmen wir uns vor, das Wort Gottes noch kräftiger zu glauben. Es gibt zweierlei Glauben. Sie glauben an die Treue der hier versammelten Brüder, aber zu einigen von ihnen haben Sie ein festes praktisches Vertrauen, weil sie Ihnen in Leidensstunden zur Hilfe gekommen sind und sich als Brüder in der Not bewährt haben. Sie vertrauen ihnen mit absoluter Gewißheit, weil Sie sie persönlich erprobt haben. Ihr Glaube war auch vorher Glaube; aber jetzt hat er eine höhere, festere und sicherere Gewißheit. Glauben Sie durch und durch an das von Gott eingegebene Buch. Glauben Sie alles darin; glauben Sie es völlig; glauben Sie es mit der ganzen Kraft Ihres Wesens. Lassen Sie die Schriftwahrheiten die Hauptfaktoren in Ihrem Leben und die stärksten Triebfedern Ihres Handelns werden. Lassen Sie die großen Begebenheiten der biblischen Geschichte ebenso wirklich und in ebenso praktischer Weise Tatsachen für Sie sein, wie irgendeine Tatsache, die Ihnen im häuslichen Kreis oder in Ihrer Umwelt begegnet. Lassen Sie die Tatsachen der Schrift so wahr für Sie sein, wie Ihr eigener Körper es mit seinen Schmerzen, Leiden, seinen Wünschen und Gebrechen ist. Wenn wir aus dem Bereich der Phantasie und Einbildungskraft herausgekommen sind, so sind wir auf eine Ader der Kraft gestoßen, die uns eine unermeßliche Quelle der Kraft werden wird. Wir werden, wenn wir »mächtig in der Schrift« werden, »mächtig durch Gott« werden.

Wir sollten uns auch vornehmen, die Heilige Schrift öfter zu zitieren. Predigten sollten voll von der Bibel und durch den Geist der Bibel gemildert, gekräftigt und geheiligt sein. Die Art Predigten, welche den Menschen heute fehlen, sind die, welche aus der Schrift hervorwachsen. Wenn die Menschen es nicht lieben, solche zu hören, so ist um so mehr Grund vorhanden, sie ihnen zu halten. Das Evangelium hat die seltsame Eigenschaft, daß durch das Hören der Geschmack daran geweckt wird. Bibelhörer, wenn sie wirklich hören, kommen dahin, Liebhaber der Bibel zu werden.

Das bloße Aneinanderreihen von Versen ist eine armselige Methode, Predigten zu halten; einige haben es versucht, und ich zweifele nicht, daß Gott sie gesegnet hat, weil sie ihr Bestes gaben. Es ist immer noch weit besser, Bibelsprüche aneinanderzureihen, als seinen eigenen armen Gedanken freien Lauf zu lassen. Es wird wenigstens etwas da sein, woran man denken und sich erinnern kann, wenn das heilige Wort zitiert wurde. Schriftverse brauchen aber nicht aneinandergereiht zu werden, sie können sehr gut herangezogen werden, um einer Rede Spitze und Schärfe zu geben. Sie werden die Kraft der Predigt sein. Unsere eigenen Worte sind bloße Papierkügelchen im Vergleich mit den Gewehrkugeln des Wortes Gottes. Das Wort Gottes ist der Zusammenhalt der ganzen Sache. Der Streit ist zu Ende, wenn wir sagen können: »Es steht geschrieben«. In vielen Fällen ist in den Herzen und Gewissen unserer Hörer die Diskussion vorüber, wenn der Herr geredet hat. »So spricht der Herr« ist für uns Christen das Ende aller Debatten, und sogar die Ungläubigen können der Schrift nicht widerstehen, ohne dem Geist zu widerstehen, der sie schrieb. Damit wir überzeugend reden, wollen wir schriftgemäß reden.

Wir sind weiter entschlossen, nichts zu predigen als nur das Wort Gottes. Die Tatsache, daß sich die Massen von dem Evangelium abwenden, läßt sich teilweise dadurch erklären, daß sie in den Versammlungen der Christen nicht immer das Evangelium gehört haben. Alles andere reicht aber nicht hin für das Bedürfnis ihrer Seele.

Sie kennen doch die Geschichte von dem König, der eine Reihe großer Mahlzeiten veranstalten ließ und Woche für Woche viele dazu einlud. Er hatte viele Diener, welche bei Tisch bedienen sollten. Diese gingen an den bestimmten Tagen hinaus und sprachen mit dem Volk. Aber nach einer kurzen Zeit kamen die meisten Leute nicht mehr zu den Festen. Die Anzahl der Gäste nahm ständig ab; die große Masse der Bürger kehrte den Mahlzeiten den Rücken. Der König forschte nach und stellte fest, daß die Speisen den Leuten nicht lohnend schienen, um zu den Gastmahlen zu kommen, und deshalb blieben sie weg. Er beschloß, die gedeckten Tische und das vorgesetzte Essen selbst zu prüfen. Er sah viel Dekoration und viele Schaustücke, die niemals aus seinen Vorratshäusern gekommen waren. Er sah sich die Speisen an und fragte: »Was ist das? Diese Gerichte, wie kommen sie hierher? Die habe nicht ich geliefert. Meine Ochsen und mein Mastvieh wurden geschlachtet, aber hier haben wir nicht das Fleisch von gemästeten Tieren, sondern von magerem und halbverhungertem Vieh. Knochen gibt es hier, aber wo ist das Fett und das Mark? Auch das Brot ist grob, während meines von dem feinsten Mehl gebacken wurde. Der Wein ist mit Wasser vermischt, und das Wasser ist aus einer unreinen Quelle.« Einer von den Umstehenden antwortete darauf: »O König, wir dachten, die Leute würden des Fettes und des Markes überdrüssig werden, und deshalb gaben wir ihnen Knochen und Knorpel, ihre Zähne daran zu versuchen. Wir glaubten auch, daß sie des besten Weizenbrotes leid werden könnten, und darum haben wir in unseren eigenen Häusern etwas gebacken, in das wir Kleie und Hülsen mischten. Es ist die Meinung der Gelehrten, daß unsere Lebensmittel diesen Zeiten angemessener sind als die, welche Eure Majestät vor so langer Zeit vorgeschrieben haben. Was den ›Wein ohne Hefe‹ betrifft, so haben unsere Zeitgenossen keinen Geschmack dafür und eine so klare Flüssigkeit wie reines Wasser ist ein zu leichtes Getränk für Menschen, die gewohnt sind, aus dem Fluß Ägyptens zu trinken.« Da wußte der König, warum die Leute nicht mehr zu dem Mahl kamen.

Ist das vielleicht die Ursache, warum der Besuch des Gottesdienstes vielen Menschen verleidet worden ist? Haben die Diener unseres Herrn ihre eigenen Fleischreste und verdorbenen Bissen zusammengehackt, um daraus ein Ragout für die Millionen zu machen; wenden sich die Millionen deshalb davon ab? Hören Sie noch das Ende meiner Parabel.

»Räumt die Tische ab!« rief der König voller Unwillen, »werft diesen Unrat vor die Hunde! Bringt die großen Rinderbraten herein und tragt meine königlichen Vorräte auf. Räumt diese Spielereien aus dem Saal, nehmt das verfälschte Brot von den Tischen und gießt das trübe Wasser aus.« Sie taten es, und wenn mein Gleichnis richtig ist, dann ging sehr bald das Gerücht durch die Straßen, daß wahrhaft königliche Speisen zu haben wären. Die Leute drängten sich in den Palast, und der König wurde sehr geliebt im ganzen Land.

Lassen Sie es uns mit diesem Vorschlag versuchen. Es könnte sein, daß wir uns bald freuen werden, viele Gäste an der Festtafel des Herrn sitzen zu sehen.

Wir sind also entschlossen, völliger als bisher das zu gebrauchen, was Gott in diesem Buch für uns bereitet hat, denn wir sind der Inspiration des Wortes Gottes gewiß. Lassen Sie mich das noch einmal sagen: *Wir sind der Inspiration des Wortes Gottes gewiß!* Sie werden feststellen, daß sich viele Angriffe gegen die ›*wörtliche*‹ Inspiration richten. Diese Umschreibung ist ein Vorwand: ›Wörtliche Inspiration‹ ist das ausdrücklich genannte Ziel des Ansturms, aber der Angriff richtet sich in Wirklichkeit gegen *die Inspiration selbst.* Sie werden in einem solchen Artikel nicht lange lesen müssen, bis Sie folgendes feststellen: der Verfasser, der damit begann, eine Theorie der Inspiration zu bestreiten, die keiner von uns jemals aufgestellt hat, geht dazu über, den Krieg gegen die Inspiration selber zu führen. Das ist der wunde Punkt. Wir kümmern uns wenig um irgendeine Theorie der Inspiration, denn wir haben keine Inspirationstheorie. Für uns ist die völlige, wörtliche Inspiration der Heiligen Schrift Tatsache und nicht Hypothese. Es ist unsinnig, Theorien über einen Gegenstand aufzustellen, der tief geheimnisvoll ist und mehr eine Forderung an den Glauben als an die Phantasie stellt. Glauben Sie an die Inspiration der Schrift und glauben Sie völlig daran. Sie werden nicht an eine wahrere und vollere Inspiration glauben, als die, welche wirklich existiert. So leicht wird niemand in dieser Richtung irren, selbst wenn ein Irrtum möglich wäre. Wenn sie Theorien annehmen, die hier ein Stück abschälen und dort die Autorität einer Stelle leugnen, so werden Sie zuletzt gar keine Inspiration haben, die diesen Namen verdient.

Wenn dieses Buch nicht unfehlbar ist, wo sollen wir dann Unfehlbarkeit finden? Wir haben den Papst aufgegeben, denn er hat sich oft und schrecklich geirrt, und wir werden nicht an seiner Stelle eine Horde kleiner Päpste, die frisch von der Universität kommen, zur Herrschaft erheben. Sind diese Kritiker der Schrift unfehlbar? Ist es sicher, daß unsere Bibel nicht recht hat, aber daß die Kritiker recht haben müssen? Das alte Silber wird entwertet; aber das Neusilber*, das an die Stelle gesetzt wird, soll Gold wert sein! Grünschnäbel, frisch von der Lektüre des neuesten Romans her, korrigieren die Erkenntnisse ihrer Väter, die Männer von Gewicht und Charakter waren. Lehren, welche eine der gottesfürchtigsten Generationen formten, werden als pure Narretei verspottet. Nichts ist diesen Geschöpfen so ver-

* im Englischen: German silver (d.i. Alpaka)

haßt wie das, was den Geruch des Puritanismus* an sich trägt. Jedes kleinen Mannes Nase geht bei dem Klang des Wortes »Puritaner« aufwärts gen Himmel, obwohl man, wenn die Puritaner wieder da wären, es nicht wagen würde, sie so von oben herab zu behandeln, denn die Puritaner verstanden zu kämpfen. Sollen wir glauben, daß bei diesen Gelehrten Unfehlbarkeit ist? Wenn du deine Bibel gelesen und dich an ihren köstlichen Verheißungen erfreut hast, wirst du dann morgen früh wohl oder übel die Straße hinabgehen müssen, um den gelehrten Mann im Pfarrhaus zu fragen, ob diese Stelle der Schrift zum inspirierten Teil des Wortes gehört, oder ob sie von zweifelhafter Autorität ist. Es wird notwendig für dich sein zu wissen, ob sie von dem wirklichen Jesaja geschrieben ist. Alle Möglichkeit der Gewißheit ist auf eine Klasse von Männern übergegangen, deren Gelehrsamkeit anspruchsvoll ist, die aber auf eine geistliche Gesinnung nicht einmal Anspruch erheben. Wir werden allmählich soviel zu zweifeln und zu kritisieren haben, daß nur einige der Tiefsinnigsten wissen werden, was Bibel ist und was nicht, und diese werden es allen anderen vorschreiben. Wir aber glauben, daß Gott sich eher den Unmündigen offenbart als den Weisen und Klugen. Wir verachten die Gelehrsamkeit nicht, aber wir wollen niemals von der Kultur oder der Kritik sagen: »Das sind deine Götter, Israel!«

Erkennen Sie, warum man den Grad der Inspiration der Heiligen Schrift verringern will und ihn gerne auf eine unendlich kleine Größe herabsetzen möchte? Es ist, weil die Wahrheit Gottes verdrängt werden soll. Wenn Sie abends in einen Laden gehen, um Textilien zu kaufen, bei denen doch so viel auf Farbe und Gewebe ankommt, daß sie am besten bei Tageslicht gekauft werden, und der Verkäufer, so-

* auf deutsche Verhältnisse übertragen: Pietismus

bald Sie kommen, das Licht abdunkelt oder die Lampe weiter weg rückt, dann schöpfen Sie Verdacht, und Sie ziehen daraus den Schluß, daß er versuchen möchte, Ihnen eine schlechte Ware zu verkaufen. Ich habe mehr als den Verdacht, daß dies die Absicht der Verkleinerer der Inspiration ist. Wenn immer ein Mann beginnt, Ihre Anschauung von der Inspiration zu trüben, so tut er es, weil er mit dem Inhalt der Schrift einen Kunstgriff vorhat, den er nicht so leicht bei Tageslicht bewerkstelligen kann.

Wir sind willig, Brüder, dem Wort Gottes eine vollkommene Inspiration zuzuschreiben, und wir sagen kühn: Wenn unsere Predigten nicht diesem Worte gemäß sind, so ist es, weil »kein Licht« darin ist (Joh. 11,10). Wir wünschen anhand der Bibel geprüft und auf die Probe gestellt zu werden und halten diejenigen unserer Hörer für die edelsten, die täglich in der Schrift forschen, »ob es sich also verhält« (Apg. 17,11). Aber denen, welche die Inspiration verringern wollen, werden wir nicht weichen und untertan sein, nein, nicht eine Stunde.

Nun höre ich jemand sagen: »Aber man muß sich doch den Ergebnissen der Wissenschaft unterwerfen.« Niemand ist bereitwilliger, die wirklichen *Tatsachen* der Wissenschaft anzunehmen, als wir es sind. Aber was verstehen Sie unter Wissenschaft? Ist das, was »Wissenschaft« genannt wird, unfehlbar? Die Geschichte der menschlichen Unwissenheit, die sich »Philosophie« nennt, ist durchaus identisch mit der Geschichte von Narren, ausgenommen da, wo sie in Wahnsinn abschweift. Wenn ein anderer Erasmus* aufstehen und die Geschichte der Torheit schreiben würde, so hätte er mehrere Kapitel der Philosophie und der Wissenschaft zu widmen, und diese Kapitel würden interessanter

* Erasmus hat eine Satire »Lob der Torheit« geschrieben.

sein als alle anderen. Ich selbst würde nicht wagen zu sagen, daß Philosophen und Wissenschaftler im allgemeinen Narren sind. Aber ich würde diesen Männern die Freiheit geben, übereinander zu sprechen, und am Schluß würde ich sagen: »Meine Herren, Sie sind weniger freundlich gegeneinander, als ich es gewesen sein würde.« Ich würde die Weisen jeder Generation über die vorhergehende sprechen lassen, oder heutzutage könnte jede Hälfte einer Generation die vorhergehende Hälfte bekämpfen, denn nur wenig von den Theorien der heutigen Wissenschaft wird die nächsten zwanzig Jahre überleben, und nur ein klein wenig mehr wird den ersten Tag des nächsten Jahrhunderts sehen. Wir fahren jetzt mit einer solchen Geschwindigkeit dahin, daß wir an Reihen wissenschaftlicher Hypothesen vorbeirauschen wie an Telefonmasten, wenn wir in einem Schnellzug fahren. Ich vertraue der Wissenschaft, aber nicht der, welche fälschlich »Wissenschaft« genannt wird (1.Tim. 6,20).

Keine bewiesene Tatsache in der Natur ist der Offenbarung entgegen; die netten Spekulationen der Anspruchsvollen können wir nicht mit der Bibel vereinen und wollen es nicht, selbst wenn wir es könnten. Ich habe ein Gefühl wie der Mann, der sagt: »Ich kann in etwa verstehen, wie diese großen Männer das Gewicht der Sterne und ihre Entfernungen voneinander herausgefunden haben, und sogar wie sie die Stoffe entdeckt haben, aus denen sie zusammengesetzt sind. Aber«, fügt er hinzu, »ich kann nicht verstehen, wie sie ihre Namen herausgefunden haben.« Gut so. Der phantastische Teil der Wissenschaft, der vielen so teuer ist, ist das, was wir nicht annehmen. Der wichtigste Teil der Wissenschaft ist für viele der Teil, der bloße Mutmaßung ist und für den die Mutmaßenden mit aller Gewalt kämpfen. Die Mythologie der Wissenschaft ist ebenso falsch wie die Mythologie der Heiden, aber aus ihr wird ein Gott gemacht.

Ich sage noch einmal, soweit Tatsachen in Betracht kommen, ist die Wissenschaft nie im Widerspruch mit den Wahrheiten der Heiligen Schrift. Aber die hastigen Schlüsse, die aus diesen Tatsachen gezogen werden, und die Erfindungen, die aus Tatsachen klassifiziert werden, sind der Schrift entgegen, weil Falschheit nicht mit Wahrheit übereinstimmt.

Zwei Menschengruppen haben großes Unheil angerichtet, und keine von ihnen ist es wert, als Richter in der Sache betrachtet zu werden: beide sind unfähig. Es ist wichtig, daß ein Schiedsrichter beide Seiten einer Sache kennt, und keiner von jenen tut das. Der erste ist der ungläubige Wissenschaftler. Was weiß er vom Glauben? Was kann er wissen? Er kann nicht urteilen, wenn die Frage aufkommt: Stimmt die Wissenschaft mit dem Glauben überein? Derjenige, welcher diese Frage beantworten will, muß die beiden der in Frage stehenden Dinge kennen. Der zweite ist ein besserer Mann, kann aber noch größeres Unheil anrichten. Ich meine den unwissenschaftlichen Christen, der seinen Kopf anstrengt, um die Bibel mit der Wissenschaft zu versöhnen. Es wäre besser, wenn er sein Flickhandwerk niemals beginnen würde. Der Fehler, den solche Männer begingen, bestand darin, daß sie bei dem Versuch, eine Schwierigkeit zu lösen, entweder die Bibel verdrehten oder die Wissenschaft verzerrten. Die Lösung wurde bald als falsch erkannt und dann hören wir das Geschrei, daß die Schrift eine Niederlage erlitten habe. Durchaus nicht; durchaus nicht. Man hat nur einen eitlen Firnis entfernt.

Hier ist ein lieber Bruder, der ein mächtiges Buch schreibt, um zu beweisen, daß die sechs Schöpfungstage sechs große geologische Perioden darstellen, und er zeigt, wie die geologischen Schichten und deren Organismen fast ganz in der Ordnung der Schöpfungsgeschichte im ersten

Buch Mose aufeinanderfolgen. Das mag so sein oder auch nicht, aber wenn jemand innerhalb kurzer Zeit beweisen würde, daß die Schichten nicht in derselben Ordnung lägen, was würde meine Erwiderung sein? Ich würde sagen, die Bibel hätte niemand gelehrt, daß sie es täten. Die Bibel sagt: »Im Anfang schuf Gott Himmel und Erde.« Das läßt einen ziemlich langen Zeitraum für ihre Zeitalter und ihre Perioden vor dem Beginn des jetzigen Zeitalters der Menschen. Dann kommen wir zu den sechs Tagen, in denen Gott den Himmel und die Erde machte und am siebten Tage ruhte. Es wird nichts gesagt von langen Perioden, sondern im Gegenteil »da ward aus Abend und Morgen der erste Tag.« Ich stelle hier keine Theorie auf, sondern sage einfach, daß das dicke Buch unseres Freundes lauter Wind ist. Die Bibel ist nicht dafür verantwortlich. Es ist wahr, daß seine Theorie scheinbar gestützt wird durch die Ähnlichkeit, die er zwischen dem organischen Leben der Zeitalter und dem der sieben Tage herausfindet. Aber dies kann auch dadurch erklärt werden, daß Gott gewöhnlich nach einer gewissen Ordnung handelt, ob in langen oder kurzen Perioden. Ich verstehe nicht viel von dieser Frage und kümmere mich auch nicht darum. Ich möchte nur sagen, daß man, wenn man eine Erklärung zertrümmert, sich nicht einbilden muß, der Wahrheit der Bibel geschadet zu haben. Man hat nur die hölzernen Palisaden verbrannt, womit gutmeinende Männer eine uneinnehmbare Festung zu beschützen meinten, die keiner Verteidigung bedurfte. Meistens täten wir besser daran, eine Schwierigkeit zu lassen, wo sie ist, anstatt eine neue Schwierigkeit durch unsere Theorie hervorzurufen. Warum ein zweites Loch in den Kessel machen, um das erste auszubessern? Besonders, wenn das erste Loch gar nicht da ist und keiner Ausbesserung bedarf. Glauben Sie alles in der Wissenschaft, was bewiesen ist; es wird nicht allzuviel sein. Sie brauchen nicht zu fürchten, daß Ihr Glaube überlastet wird, und dann glauben Sie alles, was klar im Wort steht, ob durch äußeres Zeugnis bewiesen oder nicht. Wenn Gott spricht, so ist kein Beweis nötig; wenn er es gesagt hat, so ist das Beweis genug.

Manche sagen uns, wir sollten einen Teil unserer altmodischen Theologie aufgeben um den übrigen zu retten.

Wir fahren in einem Karren über die Steppen Rußlands, die Pferde werden wütend angetrieben, aber die Wölfe sind dicht hinter uns! Da sind sie! Könnt Ihr nicht ihre feurigen Augen sehen? Die Gefahr ist dringend. Was müssen wir tun? Es wird vorgeschlagen, daß wir ein oder zwei Kinder hinauswerfen. Bis sie das Baby gefressen haben, werden wir einen kleinen Vorsprung gewonnen haben; aber sollten sie uns wieder einholen, was dann? Nun, tapferer Mann, wirf deine Frau hinaus! »Alles, was ein Mann hat, läßt er für sein Leben« (Hiob 2,4). Gebt fast jede Wahrheit auf in der Hoffnung, eine zu retten. Werft die Inspiration hinaus und laßt die Kritiker sie verzehren, werft die Erwählung hinaus und den alten Calvinismus. Hier wird es ein schönes Fest für die Wölfe geben. Die Herren, die uns diesen weisen Rat erteilen, werden sich freuen, die Lehren von der Gnade Stück für Stück zerreißen zu sehen. Werft das angeborene Verderben, die ewige Strafe und die Wirksamkeit des Gebets hinaus. Wie haben wir den Wagen wundervoll leicht gemacht! Nun noch ein anderer Wurf: Opfert das große Opfer! Gebt die Versöhnung auf! – Brüder, dieser Rat ist schändlich und mörderisch. Wir wollen diesen Wölfen mit allem entfliehen oder wir wollen mit allem verloren sein. Es soll »die Wahrheit, die ganze Wahrheit und nichts als die Wahrheit« sein, oder gar keine. Wir wollen niemals versuchen, die Hälfte der Wahrheit dadurch zu retten, daß wir einen Teil von ihr wegwerfen. Dieser Vorschlag schließt Verrat gegen Gott und Enttäuschung für uns selbst ein. Wir wollen zu allem stehen oder zu nichts. Wir wollen eine ganze Bibel haben oder gar keine. Uns wird gesagt, wenn wir etwas aufgäben, so würden die Gegner auch etwas aufgeben. Aber uns kümmert nicht, was sie tun werden, denn wir haben nicht die geringste Furcht vor ihnen. Sie sind nicht die königlichen Sieger, für die sie sich halten. Wir bitten sie nicht um Schonung. Wir denken so wie jener Krieger, dem Geschenke angeboten wurden, um ihn abzuwerben, und dem gesagt wurde, wenn er soundso viel Gold oder Land annähme, so könnte er heimkehren und sich seines leichten Gewinnes freuen; aber er antwortete: »Die Griechen legen keinen Wert auf Konzessionen, sie suchen ihren Ruhm nicht in Geschenken, sondern in Beute.« Wir werden mit dem Schwert des Geistes die ganze Wahrheit als unser behaupten und werden nicht den geringsten Teil als ein Zugeständnis den Feinden abgeben. Die Wahrheit Gottes wollen wir verteidigen als die Wahrheit Gottes, und wir werden sie nicht etwa deswegen festhalten, weil der philosophische Verstand seine Einwilligung dazu gibt. Wenn die Männer der Wissenschaft damit einverstanden sind, daß wir einen Teil der Bibel glauben, so sind wir ihnen keinen Dank schuldig: wir glauben auch ohne ihre Einwilligung. Ihre Zustimmung ist für unseren Glauben von keinem größeren Wert als die Zustimmung eines Maulwurfs zu dem Blick des Adlers. Da Gott mit uns ist, werden wir nicht aufhören mit diesem Rühmen der ganzen Worte Gottes und das Ganze der geoffenbarten Wahrheit festhalten bis ans Ende.

Auch wenn ich vielleicht beim ersten Teil meines Themas zu lange verweile, muß ich noch eines hinzufügen. Dadurch, daß wir dies glauben, übernehmen wir *die Verpflich-*

tung, alles zu predigen, was wir im Wort des Herrn sehen, soweit wir es sehen. Wir möchten keinen Teil der ganzen Offenbarung Gottes auslassen, sondern sehnen uns danach, am Ende sagen zu können: »Ich habe nicht zurückgehalten, euch den ganzen Ratschluß Gottes zu verkündigen« (Apg. 20,27).

Welch Unheil kann aus dem Weglassen eines Teils der Wahrheit oder dem Hinzufügen eines fremden Elements entstehen. Nicht alle guten Menschen werden mit mir übereinstimmen, wenn ich sage, das Hinzufügen der Kindertaufe zu dem Wort Gottes – denn sie ist sicherlich nicht darin – ist voll Unheil. Die Wiedergeburt durch die Taufe wurde auf den Schultern der Kindertaufe hereingetragen. Ich habe Briefe erhalten von Missionaren, nicht Baptisten, sondern Methodisten und Independenten, die mir berichtet haben: »Seitdem wir hier sind, finden wir eine Gruppe von Leuten vor, Kinder früherer Bekehrter, die getauft worden sind und deshalb Christen genannt werden; aber sie sind nicht um ein Jota besser als die Heiden um sie her. Sie scheinen zu denken, daß sie um ihrer Taufe willen Christen seien, und da sie auch von den Heiden für Christen gehalten werden, so ist ihr schlechtes Leben ein beständiger Skandal und ein schreckliches Ärgernis.« Ich kenne viele dieser Fälle und möchte diese Tatsache nur als eine Illustration gebrauchen.

Aber nehmen sie irgendeine andere irrige Erfindung oder eine große vernachlässigte Wahrheit: Böses wird daraus entstehen. Das Weglassen der *erschreckenden* Wahrheiten etwa, die uns als »die Schrecken des Herrn« bekannt sind, verursacht die traurigsten Resultate. Ein lieber Bruder hat mit großer Treue in der letzten Zeit immer wieder Artikel geschrieben, daß die Schwäche der neueren Predigt die sei, daß sie die Gerechtigkeit Gottes und die Bestrafung der

Sünde ignoriere. Sein Zeugnis ist wahr, und das Übel, das er anspricht, ist unberechenbar groß. Wir können nicht jenen Teil der Wahrheit, der so dunkel und so ernst ist, auslassen, ohne die Kraft aller anderen Wahrheiten, die wir predigen, zu schwächen. Wir berauben die Botschaft von Jesus, »der uns aus dem zukünftigen Zorngericht errettet« (1.Thess. 1,10), ihres Glanzes und ihrer großen Dringlichkeit. Brüder, lassen Sie nichts aus.

Seien Sie aber auch mutig genug, unbeliebte Wahrheit zu predigen. Das Unheil, das verursacht wird, wenn wir dem Worte des Herrn etwas hinzufügen oder etwas davon abtun, mag nicht zu unserer Lebenszeit eintreffen; aber sollte es in einer anderen Generation zur Reife kommen, so würden wir ebenso schuldig sein. Ich habe keinen Zweifel daran, daß das Weglassen gewisser Wahrheiten in der Alten Kirche später zu großen Irrtümern führte und einige, an sich unschuldig erscheinende Zusätze zum Ritualismus und später zum großen Abfall des Romanismus führten! Seien Sie sehr sorgfältig! Gehen Sie keinen Zollbreit über die Grenze der Schrift hinaus und bleiben Sie auch keinen Millimeter diesseits.

Bleiben Sie auf der geraden Linie des Wortes Gottes, so weit der Heilige Geist Sie unterwiesen hat, und halten Sie nichts zurück, was er geoffenbart hat. Seien Sie nicht so kühn, die beiden Anordnungen, Taufe und Herrenmahl, die der Herr Jesus gegeben hat, abzuschaffen. Übertreiben Sie aber auch nicht die Bedeutung dieser Anordnungen, als wenn sie magisch wirksame Gnadenmittel wären, wie es einige abergläubischerweise getan haben. Bleiben Sie bei der Offenbarung des Geistes. Denken Sie daran, daß Sie Rechenschaft zu geben haben, und diese Rechenschaft wird nicht mit Freuden abgelegt werden, wenn sie ein falsches Spiel mit der Wahrheit getrieben haben.

Erinnern Sie sich der Geschichte von Gylippus, dem Lysander einige Beutel mit Gold anvertraute, die er den städtischen Behörden bringen sollte. Diese Beutel waren oben zugebunden und versiegelt. Gylippus dachte, wenn er die Beutel unten aufschneiden würde, könnte er einen Teil der Goldstücke herausnehmen und die Beutel dann sorgfältig wieder zusammennähen. Auf diese Weise würden die Siegel nicht gebrochen und niemand würde den Verdacht hegen, daß Gold entnommen wäre. Als die Beutel geöffnet wurden, war zu seinem Schrecken und zu seiner Überraschung in jedem ein Zettel mit der Bemerkung, wieviel er enthalten sollte, und so wurde er entlarvt.

In dem Wort Gottes sind Klauseln, die sich selbst bestätigen, so daß Sie nicht mit einem Teil davonlaufen können, ohne daß der übrige Teil Sie anklagt und überführt. Wie wollen Sie es »an jenem Tage« verantworten, wenn Sie zu dem Wort des Herrn etwas hinzugefügt oder davon abgetan haben? Ich bin nicht hier, um zu entscheiden, was Sie als die Wahrheit Gottes zu betrachten haben; aber was immer Sie dafür halten, predigen Sie alles, und predigen Sie es bestimmt und deutlich. Wenn ich von Ihnen abweiche oder Sie von mir, so werden wir doch nicht sehr voneinander abweichen, wenn wir gleich ehrlich, geradeheraus und gottesfürchtig sind. Der Weg zum Frieden ist nicht das Verschweigen von Überzeugungen, sondern deren ehrliches Aussprechen in der Kraft des Heiligen Geistes.

Noch ein Wort. Wir übernehmen *die Verpflichtung alles, was in dem Wort Gottes steht, klar und deutlich zu predigen.* Predigen nicht viele unbestimmt und verschwommen und gehen so mit dem Wort Gottes betrügerisch um? Man kann jahrelang ihre Predigten anhören und doch nicht wissen, was sie glauben. Ich hörte von einem vorsichtigen Pastor, der von einem seiner Hörer gefragt wurde: »Wie denken Sie über die Versöhnung?« Er antwortete: »Mein Lieber, das ist gerade das, was ich bisher niemandem gesagt habe, und auch Sie werden es nicht aus mir herausbringen.« Das ist eine sehr zweifelhafte Moral für einen Prediger des Evangeliums. Ich fürchte, daß er in seiner Zurückhaltung nicht allein steht. Viele wagen nicht auf der Kanzel zu sagen, was sie unter dem Siegel der Verschwiegenheit in einer Privatversammlung von Predigern ausplaudern. Ist das ehrlich?

Ich habe Sorge, daß es mit einigen so ist wie mit dem Schulmeister in einer Stadt eines südamerikanischen Staates. Ein eifriger alter Negerprediger hatte seine Hörer gelehrt, die Erde sei platt wie ein Pfannkuchen und die Sonne gehe jeden Tag um sie herum. Einige Leute nahmen diese Lehre an. Einer von ihnen ging mit seinem Jungen zu dem Schulmeister und fragte ihn: »Lehren Sie die Kinder, daß die Erde rund ist oder flach?« Der Schulmeister antwortete vorsichtig: »Ja.« Der Fragende war in Verlegenheit und bat um eine klarere Antwort. »Lehren Sie die Kinder, daß die Erde rund ist oder daß sie flach ist?« Darauf bekam er die Antwort: »Das hängt von der Meinung der Eltern ab.« Ich vermute, daß selbst hierzulande in einigen Fällen sehr viel abhängt von den Ansichten des leitenden Ältesten oder des besten Beitragszahlers. Wenn es sich so verhält, so ist das ein schlimmes Verbrechen. Doch ob wir aus diesem oder aus einem anderen Grund mit doppelter Zunge lehren, das Resultat wird immer sehr schädlich sein. Ich will wagen, hier eine Geschichte weiterzugeben, die mir erzählt worden ist.

Ein Mann kam zu einem Prediger, um von ihm Geld zu erbitten. Dem Pastor gefiel der Mann nicht so recht, und er sagte zu ihm: »Ich begreife nicht, weshalb Sie gerade zu mir kommen.« Der Bettler erwiderte: »Ich bin sicher, Sie würden mir helfen, wenn Sie wüßten, welch großen Nutzen ich von Ihrem gesegneten Amt habe.« »Welchen denn?« fragte der Prediger, und der Bettler antwortete darauf: »Nun, Herr Pastor, als ich Sie zuerst hörte, da kümmerte ich mich weder um Gott noch um den Teufel, aber jetzt unter Ihrer gesegneten Verkündigung bin ich dahingekommen, beide zu lieben.«

Verwundert es uns dann, wenn unter den schillernden Reden einiger Prediger die Leute dahinkommen, beides, die Lüge und die Falschheit zu lieben? Sie werden sagen: »Wir lieben diese Lehre, wir lieben die andere auch.« In Wirklichkeit würden sie alles lieben, wenn nur ein geschickter Betrüger es ihnen plausibel machte. Sie bewundern Mose und Aaron, aber sie würden kein Wort gegen Jannes und Jambres sagen. Wir müssen das Evangelium so deutlich predigen, daß unsere Hörer wissen, was wir predigen. »Denn wenn die Posaune einen undeutlichen Ton gibt, wer wird sich zum Kampf rüsten?« (1.Kor. 14,8). Verwirren Sie Ihre Hörer nicht durch zweifelhafte Reden. »Nun«, sagt einer, »ich hatte kürzlich einen neuen Gedanken. Ich redete nicht ausführlich darüber, ich warf ihn nur so hin.« Es ist sehr gut, wenn Sie das mit den meisten Ihrer neuen Ideen tun. Werfen Sie sie nur hin, aber sehen Sie sich vor, wo sie sind, wenn Sie es tun; denn wenn Sie Ihre Ideen von der Kanzel hinabwerfen, so können sie irgend jemanden treffen und dem Glauben eine Wunde versetzen. Werfen Sie Ihre Phantasien hin, aber fahren Sie erst einmal allein in einem Boot eine Meile aufs Meer hinaus. Wenn Sie dann Ihre unüberlegten Gedankenspielereien einmal hingeworfen haben, so überlassen Sie sie den Fischen.

Wir haben heute eine Anzahl Männer um uns herum, die Christus predigen und sogar das Evangelium predigen.

Aber daneben predigen sie noch sehr viel anderes, was nicht wahr ist, und zerstören so das Gute ihrer Lehre und verführen die Menschen. Sie möchten »evangelisch« genannt werden und gehören doch zu der Schule, die in Wirklichkeit anti-evangelisch ist. Achten Sie gut auf diese Herren.

Ich habe gehört, daß ein Fuchs, wenn die Hunde dicht hinter ihm her sind, sich stellt, als wäre er einer von ihnen, und mit der Meute läuft. Das ist es, wonach gewisse Leute jetzt streben: die Füchse wollen als Hunde scheinen. Aber der Fuchs verrät sich durch seinen starken Geruch, und der Hund findet ihn bald heraus. Ebenso läßt sich der Geruch falscher Lehre nicht so leicht verbergen, und das Spiel ist nicht von langer Dauer.

Es gibt Prediger, von denen wir kaum sagen können, ob sie Hunde oder Füchse sind. Wir aber legen Wert darauf, daß alle Menschen unsere Überzeugung kennen, solange sie leben; sie sollen in keinem Zweifel über das sein, was wir glauben und lehren. Wir werden nicht aufhören, in den kräftigsten und deutlichsten Worten, die uns zur Verfügung stehen, und in den einfachsten Sätzen, die wir bilden können, das auszusprechen, was wir als Grundwahrheit festhalten.

2. *Unser Heer – die Gemeinde Gottes*

Nun wollen wir unser Heer mustern. Was können einzelne in einem großen Kreuzzug ausrichten? Wir sind mit dem ganzen Volk des Herrn verbunden! Es geht darum, Menschen für Christus zu gewinnen, und wir bedürfen der Mitarbeit aller Brüder und Schwestern. Was kann getan werden, wenn nicht alle Erretteten hinausgehen zur Errettung anderer?

Aber zur Zeit wird die Frage verhandelt: *Soll überhaupt eine Gemeinde da sein?* Soll ein eindeutiges Heer von Heiligen da sein, oder sollen wir alle Menschen, auch Atheisten, einschließen? Sie haben von »der Kirche der Zukunft« gehört, die wir anstatt der Kirche Jesu Christi haben sollen. Alle Einschränkungen werden aufhören, falls sich nicht das Theater und die Schenke als zu großer Ballast für die Kirche erweisen sollten. Da die äußersten Grenzen der sogenannten »Kirche der Zukunft« auch Atheisten umfassen werden, so dürfen wir in unserer christlichen Liebe hoffen, daß sie auch böse Geister einschließen wird. Was für eine wundervolle Kirche wird das sein! Nun, es wird alles andere sein, was man will, aber keine Kirche. Wenn die Kämpfer Christi in ihre Reihen alle Banditen des Gegners aufgenommen haben, wird es dann überhaupt noch ein Heer für Christus geben? Ist das nicht schon eine deutliche Kapitulation bei Beginn des Krieges?

Wir müssen nicht nur von der Gemeinde Gottes reden, sondern sie auch nachdrücklich anerkennen. Einige Denominationen erkennen alles und jedes an als die Gemeinde. Eine Versammlung der Gemeinde ist ihnen etwas völlig Unbekanntes. Bei einigen bedeutet »die Gemeinde« die Prediger oder die Geistlichkeit; aber in Wahrheit sollte sie die ganze Körperschaft der Gläubigen bedeuten, und es sollte für sie eine Gelegenheit da sein, zusammenzukommen und als eine Gemeinde zu handeln.

Es ist, wie ich meine, die Sache der Gemeinde Gottes, das Werk Gottes im Land zu betreiben. Die Macht und Leitung liegt bei unserem Herrn Jesus, und ihm sollte sie unterstellt sein und nicht den wenigen, die durch Wahl oder durch Patronatsrechte bevollmächtigt sind. Wir müssen mehr und mehr die Gemeinde anerkennen, in welche Gott uns zum Dienst gestellt hat. Indem wir das tun, werden wir eine Kraft hervorrufen, die sonst schlummernd liegt. Wenn die Gemeinde von Jesus Christus anerkannt wird, so ist sie würdig, von uns anerkannt zu werden, denn wir sind die Diener der Gemeinde.

Ja, wir glauben, daß eine Gemeinde da sein sollte. Wir wissen, daß sie sehr viel Enttäuschung bereiten kann, jeder Hirte einer großen Gemeinde weiß das aus persönlicher Erfahrung. Ich weiß nicht, ob die heutigen Gemeinden schlimmer oder besser sind, als sie es zur Zeit Paulus' zu sein pflegten. Die Gemeinde in Korinth, in Laodicäa und in anderen Städten zeigten schwere Fehler; und wenn in unseren Gemeinden Fehler aufkommen, so wollen wir nicht bestürzt werden. Aber lassen Sie uns über solche Dinge trauern und danach streben, eine höhere Stufe zu erreichen. Es ist wahr: die Glieder der Gemeinde sind nicht das, was sie sein sollten, aber wir sind es ebensowenig. O Jerusalem, mit all deinen Fehlern liebe ich dich doch! Das Volk Gottes ist immer noch die Aristokratie des Menschengeschlechts! Gott segne es!

Nun weiter, *soll diese Kirche Realität oder nur Statistik sein?* Das hängt sehr viel von Ihnen ab, liebe Brüder. Ich möchte Sie dringend bitten, lieber keine Kirche haben zu wollen, als eine nicht wirkliche. Tatsache ist, daß religiöse

Statistiken sehr oft falsch sind. Das Schönfärben solcher Berichte an manchen Stellen ist keine unbekannte Kunst. Ich hörte neulich von einem Fall, wo eine Zunahme von vier Mitgliedern gemeldet wurde, aber wäre das Verzeichnis richtig geführt worden, so hätte sich eine Abnahme von fünfundzwanzig ergeben. Ist das nicht Betrug, wenn Zahlen manipuliert werden? Tun Sie das nie! Lassen Sie uns keine Namen im Gemeinderegister behalten, wenn es bloß Namen sind. Einige von den alten Leuten lieben es, sie da stehen zu lassen, und können es nicht ertragen, daß sie ausgestrichen werden; aber wenn man nicht weiß, wo die Personen sind, noch was sie sind, wie kann man sie mitzählen? Sie sind nach Amerika ausgewandert oder nach Australien, oder sind längst im Himmel, aber laut ihrem Verzeichnis sind sie immer noch unter ihnen. Ist das recht? Es mag nicht möglich sein, völlig genau zu sein, aber lassen Sie uns danach streben. Wir sollten dies in einem sehr ernsten Licht betrachten und uns von dem Laster des falschen Berichtens reinigen, denn Gott selber wird nicht bloße Namen segnen. Es ist nicht seine Weise, mit denen zu arbeiten, die eine falsche Rolle spielen. Halten Sie Ihre Gemeinde im Rahmen des Tatsächlichen und dienstfähig, oder statten Sie keinen Bericht ab. Eine bloß nominelle Kirche ist eine Lüge. Laßt sie sein, was sie ist. Wir wollen uns nicht unserer Statistik rühmen, aber wir sollten die Tatsachen kennen.

Soll diese Gemeinde zunehmen oder soll sie aussterben? Sie wird entweder das eine oder das andere tun. Wir werden unsere Freunde zum Himmel gehen sehen, und wenn keine jungen Leute bekehrt und zu uns hinzugefügt werden, so wird die Gemeinde auf Erden bald gänzlich ausgewandert sein nach der triumphierenden Schar droben. Was ist dann für die Sache und das Reich des Meisters auf Erden zu tun?

Wir sollten schreien, beten und flehen, daß die Gemeinde beständig wachsen möge, wir müssen zu diesem Zweck predigen, besuchen, beten und arbeiten. Möge »der Herr täglich zur Gemeinde Menschen hinzukommen lassen, die gerettet wurden« (Apg. 2,47)! Wenn keine Ernte da ist, ist dann der richtige Same ausgestreut worden? Predigen wir apostolische Lehren, wenn wir niemals apostolische Resultate sehen? O meine Brüder, unsere Herzen sollten brechen, wenn die Herde, die wir weiden, nicht wächst. O Herr, wir bitten dich, schenke jetzt Gedeihen!

Wenn eine Gemeinde das sein soll, was sie für die Zwecke Gottes sein sollte, so *müssen wir sie in der heiligen Kunst des Gebets üben.* Gemeinden ohne Gebetsversammlungen sind undenkbar. Selbst wenn es eine gäbe, wäre es eine, über die man weinen müßte. In vielen Gemeinden ist die Gebetsversammlung nur das Gerippe einer Versammlung; die Form wird aufrechterhalten, aber die Leute kommen nicht. Es ist kein Interesse, keine Kraft in den Versammlungen. O meine Brüder, möge es nicht so bei Ihnen sein. Üben Sie die Leute darin, beständig zum Gebet zusammenzukommen, wecken Sie sie auf zu unaufhörlichem Flehen. Es gehört eine heilige Kunst dazu. Wenn Sie selbst beten, so werden Sie wünschen, daß die Geschwister mit Ihnen beten; und wenn sie anfangen, mit Ihnen für Sie und für das Werk des Herrn zu beten, werden sie selber mehr Gebete wünschen und das Verlangen wird wachsen. Glauben Sie mir, wenn eine Gemeinde nicht betet, so ist sie tot. Stellen Sie das gemeinsame Gebet an den ersten Platz. Alles wird von der Macht des Gebets in der Gemeinde abhängen.

Unsere Gemeinden sollten alle für Gottes Sache arbeiten. Was ist der Nutzen einer Gemeinde, die nur zusammenkommt, um Predigten zu hören? Sie gleicht einer Familie, die nur zusammenkommt, um ihre Mahlzeiten zu essen. Wozu taugt sie, wenn sie nicht arbeitet? Sind nicht manche, die sich Christen nennen, nachlässig in dem Werk des Herrn, obwohl sie fleißig genug sind in ihrem eigenen? Weil die Christen träge sind, benötigen sie Vergnügungen und alle Arten von Unsinn; wenn sie für den Herrn Jesus arbeiten, würden wir nicht davon hören.

Eine gute Dame fragte eine Hausfrau: »Womit vergnügen Sie sich?« »Ach, meine Liebe«, erwiderte diese, »Sie sehen, wir haben viele Kinder, da gibt es viel im Haus zu tun.« »Ja«, antwortete die andere, »das sehe ich, daß viel Arbeit in Ihrem Haus zu tun ist; aber sie wird ja nicht getan. Ich möchte zu gerne wissen, womit Sie sich amüsieren.« Für eine christliche Gemeinde gibt es viel zu tun im eigenen Bereich, in der Nachbarschaft, unter den Armen, unter den Verlorenen hier und in der weiten Welt. Wenn für alles gut gesorgt wird, so werden die Herzen, Hände und Zungen damit voll beschäftigt sein und man wird nicht nach Zerstreuungen verlangen. Lassen Sie Müßiggang aufkommen und den Geist, der die Leute träge macht, so wird der Wunsch nach Vergnügungen entstehen.

Was für Veranstaltungen sind es, die heute gewünscht werden? Ist der Glaube denn eine Posse in einigen Gemeinden? Jedenfalls kommen sie oft in größerer Anzahl, um ihren Spaß zu haben, als sich zum Gebet zu vereinen. Ich kann es nicht verstehen. Wer von Liebe zu Jesus glüht, findet keine Notwendigkeit für Vergnügungen und hat auch keine Zeit für Tändeleien. Es ist ihm eine gewaltige, ernste Sache, Menschen zu erretten, die Wahrheit zu verkündigen, das Reich seines Herrn zu vergrößern. Mir stellte sich immer eine dringende Aufgabe für das Reich Gottes, und wenn die erfüllt war, so lag eine andere und noch eine andere vor. Die

Schwierigkeit bestand immer nur darin, die Gelegenheit zu finden, das Werk zu tun, das getan werden mußte; und deshalb habe ich keine Zeit gehabt, nach Vergnügen auszuschauen.

Oh, daß wir eine arbeitende Gemeinde hätten! Die deutschen Baptistengemeinden hatten zu Lebzeiten unseres lieben Freundes Oncken die Gewohnheit, jedes Mitglied zu fragen, was es für Christus tun wolle, und die Antwort wurde in ein Buch eingetragen. Das eine, was von jedem Mitglied erwartet wurde, war: fortzufahren, etwas für den Heiland zu tun. Wenn jemand damit aufhörte, so war das eine Sache für die Gemeindezucht, denn ein träger Christ durfte nicht – wie eine Drohne im Bienenstock – in der Gemeinde bleiben. Er mußte mitarbeiten oder gehen. Oh, daß wir einen Garten hätten ohne einen unfruchtbaren Feigenbaum, der das Land hindert! Zur Zeit wird der größte Teil unseres heiligen Krieges von einer kleinen Zahl sehr lebendiger, ernster Christen geführt, und die übrigen sind entweder im Hospital oder gehören nur zur Nachhut. Wir sind dankbar für jene, die sich dem Dienst weihen, aber wir würden gerne sehen, wenn das Altarfeuer alles erfassen würde, was dem Bekenntnis nach auf den Altar gelegt wird.

Brüder, *wir brauchen eine Gemeinde, die Heilige hervorbringt*, Menschen von mächtigem Glauben und siegendem Gebet; Menschen, die heilig leben und für die Sache des Herrn viel geben; Menschen, die voll Heiligen Geistes sind. Diese Heiligen müssen wie volle Trauben vorhanden sein, sonst sind wir sicherlich nicht Reben vom wahren Weinstock. Ich wünschte, in jeder Gemeinde eine Maria zu sehen, die zu Jesu Füßen sitzt, eine Martha, die Jesus dient, einen Petrus und einen Johannes. Aber der beste Name für eine Gemeinde ist *»alle Heiligen«*. Alle Gläubigen sollten

Heilige sein, und alle können Heilige sein. Wir haben nichts zu tun mit den sogenannten »Heiligen der letzten Tage«, aber wir lieben Heilige aller Tage. Oh, daß wir mehr von ihnen hätten. Wenn Gott uns so hilft, daß wir alle in der Gemeinschaft von Gläubigen »zum vollkommenen Menschen werden und das Maß der Fülle Christi erreichen« (Eph. 4,13), dann werden wir Großes erleben. Herrliche Zeiten werden anbrechen, wenn die Gläubigen selber herrlich sind.

Wir haben auch Gemeinden nötig, welche die Wahrheit kennen und in den göttlichen Dingen gut unterwiesen sind. Manche Christen kommen und hören und werden von Ihnen unterrichtet, aber wie wenig nehmen sie mit, um es zur Auferbauung aufzubewahren! Brüder, der Fehler liegt teilweise bei uns und teilweise bei ihnen. Würden wir besser lehren, so würden sie besser lernen. Sehen Sie, wie wenig manche Christen wissen – nicht genug, um zwischen lebendiger Wahrheit und tödlichem Irrtum zu unterscheiden! Früher konnten die Gläubigen Kapitel und Vers angeben für das, was sie glaubten, sie waren in der Schrift zu Hause – wenige von denen sind noch unter uns! Unsere ehrwürdigen Vorväter waren in ihrem Element, wenn sie über den »Bund« sprachen. Ich liebe Menschen, die den Gnadenbund lieben und ihre Lehraussagen darauf bauen. Die Lehre von dem »Bund« ist mir der Schlüssel zur Theologie. Die, welche den Herrn fürchteten, tauschten sich oft aus. Sie pflegten von ihrem Glauben an das ewige Leben zu sprechen und von allem, was daraus folgt. Sie hatten einen guten Beweis für diesen Glauben und einen trefflichen Grund für jede andere Lehre. Der Versuch, sie zu erschüttern, war keine erfolgversprechende Aufgabe, denn sie waren beständig und ließen sich nicht hin und her wiegen von jedem Wind der Lehre. Sie wußten, was sie wußten, und hielten fest, was sie gelernt hatten. Was soll aus unserem Land werden etwa bei der Gefährdung durch den Sakramentalismus, der auf uns einströmt, wenn unsere Kirchen nicht reich sind an festgegründeten Gläubigen, die zwischen der Wiedergeburt und ihrem zeremoniellen Ersatz unterscheiden können? Was soll aus unseren Gemeinden werden in diesen Tagen des Skeptizismus, wo auf jede feste Wahrheit mit dem Finger des Zweifels gedeutet wird, wenn nicht unsere Gemeindeglieder die Wahrheiten des Evangeliums in ihre Herzen geschrieben haben? Oh, daß wir eine Gemeinde von durch und durch Gläubigen hätten, undurchdringlich für den seelenverderbenden Zweifel, der in Schauern auf uns herabströmt!

Doch all dies würde nicht unser Ideal erreichen. *Wir brauchen eine missionierende Gemeinde*, die ausgeht, um Gott ein Volk zu sammeln aus allen Teilen der Erde. Eine Gemeinde ist eine seelenrettende Gesellschaft, oder sie ist nichts. Wenn das Salz keinen bewahrenden Einfluß ausübt auf das, was es umgibt, wozu ist es nütze? Und doch beben einige zurück vor der Arbeit in ihrer unmittelbaren Nachbarschaft, weil dort Armut und Laster herrscht.

Ich erinnere mich eines Predigers, der in mancher Hinsicht ein sehr guter Mann war, mich aber völlig bestürzt machte durch eine Antwort, die er mir auf eine Frage gab. Ich bemerkte, daß er eine schreckliche Nachbarschaft um seine Kapelle herum hatte, und fragte: »Sind Sie in der Lage, viel für sie zu tun?« Er antwortete: »Nein, ich bin beinahe froh, daß wir uns von ihnen fernhalten; sehen Sie, wenn einige von ihnen sich bekehren würden, so würden sie eine furchtbare Bürde für uns sein.« Ich wußte, daß dieser Mann die Vorsicht und Klugheit selber war, aber diese Antwort setzte mich in Erstaunen und ich bat um eine Erklärung. »Nun«, sagte er, »wir müßten sie unterstützen. Es sind meistens Diebe und Huren, und wenn sie sich bekehren, würden sie keine Mittel zum Lebensunterhalt besitzen, und wir sind arme Leute und können sie nicht ernähren!« Er war ein frommer Mann, und einer, dessen Dienst Nutzen brachte; und dennoch hatte er gelernt, dieses Problem allmählich auf diese Weise anzusehen. Seinen Leuten wurde es schwer, die Ausgaben zu bestreiten, und so erdrückte die kalte Armut den frommen Eifer und ließ seine Seele gefrieren. Es war sehr vernünftig, was er sagte, aber doch war es eine furchtbare Sache, es zu sagen und danach zu handeln. Wir brauchen keine Leute, die immerfort singen dürften:

»Wir sind ein Garten, eingehegt,
erwählt und sorgsam stets gepflegt,
die gut verwahrte kleine Herde
auf dieser dunklen Erde.«

Diesen Vers kann man gelegentlich singen, aber nicht, wenn man damit meint: »Wir sind sehr wenige und wünschen es zu sein.« Nein, nein, Brüder! Wir sind ein kleines Regiment von des Königs Kriegern, das in einem fremden Land Garnisonspflicht tut; jedoch wollen wir nicht nur die Festung halten, sondern dem Gebiet unseres Herrn neues Land hinzugewinnen. Wir lassen uns nicht austreiben, im Gegenteil, wir wollen die Kanaaniter austreiben. Dieses Land gehört uns, es ist uns von dem Herrn gegeben, und wir wollen es einnehmen. Möchten wir von dem Geist der Entdecker und Eroberer entflammt sein und niemals ruhen, solange es noch eine Gruppe von Menschen zu retten und eine Gegend zu evangelisieren gibt!

Wir rudern wie die Mannschaft eines Rettungsbootes auf einem stürmischen Meer und eilen zu dem Wrack, wo Menschen untergehen. Wenn wir nicht das alte Wrack ans Ufer ziehen können, wollen wir wenigstens durch Gottes Gnade den Untergehenden zu Hilfe eilen, Leben retten und die Erlösten ans Ufer des Heils tragen. Unsere Mission ist wie die unseres Herrn, die Erwählten Gottes aus den Menschen zu sammeln, damit sie zu Gottes Ehre leben möchten. Jeder Errettete sollte mit Gottes Hilfe ein Erretter sein, und die Gemeinde ist nicht im rechten Zustand, bis sie dieses Selbstverständnis hat.

Die Gemeinde ist errettet, damit sie errette, gereinigt, damit sie reinige, gesegnet, damit sie segne. Die ganze Welt ist das Feld, und alle Gemeindeglieder sollten darauf für den großen Herrn der Ernte arbeiten. Wüst liegendes Land sollte angebaut und Wälder gerodet werden, bis die Einöde zu blühen beginnt wie eine Rose. Wir wollen nicht zufrieden sein, unseren Besitzstand zu erhalten: wir müssen eindringen in die Gebiete des Fürsten der Finsternis.

Meine Brüder, in welchem Verhältnis stehen wir Prediger zu dieser Gemeinde? Was ist unsere Stellung in ihr? *Wir sind Diener.* Mögen wir stets unseren Platz erkennen und behalten. Der höchste Platz in der Gemeinde wird immer dem Mann zuteil werden, der willig den niedrigsten wählt, während der, welcher danach strebt, unter seinen Brüdern groß zu sein, sinken wird. Gewisse Männer hätten etwas sein können, wenn sie sich nicht selbst für etwas gehalten hätten. Ein Mann, der sich dessen bewußt ist, groß zu sein, ist offensichtlich klein. Wer mit Herz und Seele immer bereit ist, dem Geringsten unter Gottes Kindern zu dienen; wer erwartet, daß ihm viel auferlegt wird, und wer willig Ruf und Freundschaft um Christi willen opfert, der wird seine vom Himmel gegebene Aufgabe erfüllen. Wir sind nicht gesandt, uns dienen zu lassen, sondern um zu dienen.

Wir müssen auch Vorbilder der Herde sein. Der Bruder, welcher kein Vorbild zur Nachahmung ist, sollte nicht auf einer Kanzel geduldet werden. Hörte ich nicht unlängst von einem Prediger, der immer um den ersten Platz stritt? Oder von einem anderen, der habsüchtig und geizig war? Oder von einem dritten, dessen Unterhaltung nicht immer sauber war? Oder von einem vierten, der in der Regel nicht vor elf Uhr morgens aufstand? Ich will hoffen, daß dieses letzte Gerücht ganz und gar falsch ist. Ein träger Prediger – was wird aus ihm werden? Ein Hirte, der seine Aufgabe vernachlässigt? Erwartet er, zum Himmel zu gehen? Ich war drauf und dran zu sagen: »Wenn er überhaupt dahin geht, möge es bald sein.«

Ein fauler Prediger ist ein Geschöpf, das von Menschen verachtet und von Gott verabscheut wird. »Sie geben Ihrem Prediger nur fünfzig Pfund jährlich«, sagte ich zu einem Bauern, »der arme Mann kann nicht davon leben.« Die Antwort war: »Hören Sie, ich will Ihnen etwas sagen: Wir geben ihm ein gut Teil mehr als er verdient.« Es ist sehr traurig, wenn das gesagt werden kann. Es ist ein Nachteil für all die, welche sich unserer Aufgabe wirklich widmen. Wir sollen in allen Dingen Vorbilder der Herde sein; in allem Fleiß, in aller Sanftmut, in aller Demut und in aller Heiligkeit sollen wir uns auszeichnen.

Wenn Cäsar in seine Kriege zog, so half einer dem anderen, Schwierigkeiten zu ertragen. Sie wußten, daß es Cäsar erging, wie es ihnen erging. Er marschierte, wenn sie marschierten, er dürstete, wenn sie dürsteten, und er war stets in der Hitze des Gefechts, wenn sie kämpften. Wir müssen mehr als andere tun, wenn wir Offiziere in Christi Heer sind. Wir müssen nicht rufen »Geht vorwärts«, sondern »Kommt vorwärts!« Unsere Leute können mit Recht von uns erwarten, daß wir zumindest zu den Selbstverleugnendsten, Arbeitssamsten und Eifrigsten der Gemeinde gehören. Wir können nicht erwarten, heilige Gemeinden zu sehen, wenn wir, die wir ihre Vorbilder sein sollen, unheilig leben.

Wenn einige unserer Brüder in Hingabe und Heiligung klar vor aller Augen lebten, so segnete Gott sie, und er wird sie immer mehr segnen. Wenn es uns daran mangelt, so brauchen wir nicht weit zu suchen, um die Ursache unserer Erfolglosigkeit zu finden.

Ich hätte Ihnen als den Predigern noch viel zu sagen, aber dazu ist jetzt keine Gelegenheit. Ich möchte nämlich noch ein wenig bei dem wichtigsten Teil meines Themas verweilen. Lassen Sie mich hier um die Hilfe dessen beten, dessen Name und Person ich erheben möchte. »Komm, Heiliger Geist, erfüll die Herzen deiner Gläubigen!«

3. *Unsere Kraft – der Heilige Geist*

Nehmen wir einmal an, daß wir allein das Wort Gottes predigen und von einer Mustergemeinde umgeben sind, was leider nicht immer der Fall ist, dann haben wir als nächstes die Frage nach unserer *Kraft* zu erwägen. Sie muß *vom Geist Gottes* kommen. Wir glauben an den Heiligen Geist und an unsere Abhängigkeit von ihm. Wir glauben, Brüder, aber glauben wir, soweit es uns selbst und unser eigenes Werk betrifft? Glauben wir, weil wir *täglich die Wahrheit dieser Aussage erproben?*

Wir müssen uns bei unseren Vorbereitungen auf den Heiligen Geist verlassen. Ist das bei uns der Fall? Haben Sie die Gewohnheit, in das Wort Gottes einzudringen unter der Leitung des Heiligen Geistes? Jeder, der den Weg zum Land der himmlischen Erkenntnis betritt, muß sich seinen Weg dahin bahnen; aber er muß es in der Kraft des Heiligen Geistes tun, sonst wird er auf irgendeiner Insel im Meer der Phantasie ankommen und nie seinen Fuß auf die heiligen Ufer der Wahrheit setzen. Sie kennen doch nicht die Wahrheit, weil Sie irgendein klassisches Buch unseres Glaubens gelesen haben. Sie kennen nicht die Wahrheit, bloß weil Sie die »Westminster-Konfession« oder eine andere Bekenntnisschrift angenommen und ausführlich studiert haben. Nein, wir kennen nichts, bis wir vom Heiligen Geist unterwiesen sind, der mehr zum Herzen als zum Ohr spricht. Es ist eine Tatsache, daß wir ohne den Heiligen Geist nicht einmal die Stimme Jesu hören. Johannes sagt: »Am Tage des Herrn wurde ich vom Geist ergriffen und hörte hinter mir eine mächtige Stimme . . .« (Offb. 1,10). Er hörte diese Stimme erst, als er vom Heiligen Geist ergriffen war.

Wieviel himmlische Worte erreichen nicht unser Ohr, weil wir nicht im Geist bleiben!

Unsere Gebete werden keinen Erfolg haben, wenn nicht der Heilige Geist unserer Schwachheit aufhilft, denn wahres Gebet ist »Beten in dem Heiligen Geist« (Joh. 4,23). Der Geist Gottes schafft um jedes Gebet herum eine Atmosphäre, und innerhalb dieses Kreises lebt und siegt das Gebet; außerhalb davon ist das Gebet eine tote Form.

Was uns also selbst betrifft, so müssen wir uns in unserem Studium, im Gebet, in Gedanken, im Wort und in der Tat auf den Heiligen Geist verlassen.

Vertrauen wir wirklich und wahrhaft auf die Hilfe des Heiligen Geistes während der Predigt? Ich tadele keinen Bruder für seine Art zu predigen; aber ich muß gestehen, daß es mir sehr seltsam vorkommt, wenn ein Bruder um den Beistand des Heiligen Geistes betet, und ich ihn dann mit der Hand nach hinten greifen und aus seiner Tasche ein Konzept ziehen sehe in einem Format, daß er es in seine Bibel hineinlegen und daraus vorlesen kann, ohne daß man ihn verdächtigen wird, daß er abliest. Diese Vorsichtsmaßnahmen sehen aus, als wenn der Mann sich seines Papiers ein wenig schämte, aber ich denke, er sollte sich weit mehr seiner Vorsichtsmaßnahmen schämen. Erwartet er, daß der Geist Gottes ihn segnet, während er einen Trick ausführt? Und warum soll der Geist ihm helfen, wenn er von einem Papier abliest, von dem jeder andere ohne des Geistes Beistand lesen kann? Was hat der Heilige Geist damit zu tun? Er mag mit der Ausarbeitung des Konzeptes etwas zu tun gehabt haben, aber auf der Kanzel ist er eigentlich überflüssig. Es wäre jedenfalls ehrlicher, dem Heiligen Geist für den gewährten Beistand zu danken und ihn zu bitten, daß das, was wir mit seiner Hilfe aufs Papier bekommen haben, nun auch in die Herzen der Hörer dringen möge. Und wenn der

Heilige Geist nun den Hörern irgend etwas zu sagen hätte, was nicht auf dem Papier steht, kann er es dann noch durch uns sagen? Ich habe den Eindruck, daß wir durch diese Methode außerordentlich gehemmt sind, frisch zu sprechen. Nun, es ist nicht meine Aufgabe zu kritisieren, obwohl ich mich gerne für mehr Freiheit beim Verkündigen stark machen möchte, damit wir Raum lassen für den Herrn, der uns in derselben Stunde geben möchte, was wir reden sollen.

Außerdem *müssen wir uns auf den Geist Gottes verlassen, was die Ergebnisse betrifft.* Niemand unter uns glaubt, daß er die Wiedergeburt einer Seele bewirken kann. Wir sind nicht so töricht, die Macht in Anspruch zu nehmen, ein steinernes Herz umzuwandeln. Wir wagen nicht, uns soviel anzumaßen. Und doch können wir dahin kommen, zu denken, daß wir durch unsere Erfahrungen den Leuten über geistliche Schwierigkeiten hinweghelfen könnten. Können wir das? Wir mögen voller Hoffnung sein, daß unser Enthusiasmus die lebendige Gemeinde vor uns hertreiben und die tote Welt hinter uns herziehen werde. Aber ist es so?

Vielleicht bilden wir uns ein, wenn wir nur eine Erweckung bewirken könnten, so würden viele zu unserer Gemeinde hinzugefügt werden. Ist es der Mühe wert, eine Erweckung »erregen« zu wollen? Kommen nicht alle wahren Erweckungen von oben herab? Wir können uns einreden, daß Pauken und Trompeten und lautes Rufen sehr viel erreichen würde. Aber, meine Brüder, »der Herr ist nicht in dem Wind« (1.Kön. 19,11). Ergebnisse, die sich lohnen, kommen von jenem stillen aber allmächtigen Arbeiter, dem Geist Gottes. Von ihm und von ihm allein können wir sowohl die Bekehrung eines einzelnen Sonntagschulkindes wie jede echte Erweckung erwarten. Wenn wir unsere Hörer zusammenhalten wollen, so müssen wir auf ihn blicken.

Der Heilige Geist könnte ebenso wie unser Herr sprechen: »Ohne mich könnt ihr nichts tun« (Joh. 15,5).

Was ist die Gemeinde Gottes ohne den Heiligen Geist? Was wäre der Hermon ohne seinen Tau oder Ägypten ohne den Nil? Seht das Land Kanaan, als es der Fluch Elias traf und drei Jahre weder Tau noch Regen darauf herabfielen; so würde die Christenheit aussehen ohne den Heiligen Geist. Was die Täler ohne ihre Bäche sein würden oder die Städte ohne ihre Wasserversorgung, was die Kornfelder ohne die Sonne sein würden oder die Weinlese ohne den Sommer – das würden unsere Gemeinden ohne den Heiligen Geist sein. Ebenso mag man an den Tag ohne Licht denken, an das Leben ohne Atem, an den Himmel ohne Gott, wie an christlichen Dienst ohne den Heiligen Geist. Nichts kann ihn ersetzen, wenn er fehlt.

Herr, vergib uns, daß wir deinem Geist solchen Trotz geboten haben dadurch, daß wir ihn vergessen haben, durch unsere stolze Selbstgenügsamkeit, durch unseren Widerstand gegen seine Einflüsse und unser Dämpfen seines Feuers! Wirke von nun an in uns nach deiner eigenen Art. Mache unsere Herzen weich und empfänglich, und laß uns wie das Wachs unter dem Siegel sein, und drücke das Bild deines Sohnes in uns ein.

Mit diesem Gebet und Glaubensbekenntnis wollen wir unseren Gegenstand verfolgen in der Kraft des guten Geistes, von dem wir sprechen.

Was tut der Heilige Geist? Brüder, gibt es ein gutes Werk, das er nicht tut? Sein ist es, lebendig zu machen, zu überführen, zu erleuchten, zu reinigen, zu leiten, zu bewahren, zu trösten, zu befestigen, zu vervollkommnen und zu gebrauchen. Wieviel ließe sich über jedes einzelne dieser Teile sagen! Er ist es, der in uns wirkt das Wollen und Vollbringen. Er, der alle Dinge geschaffen hat, ist Gott. Ehre sei ihm für alles, was er in solch armen, unvollkommenen Menschen wie uns gewirkt hat. Wir können nichts tun ohne den Lebenssaft, der uns von Jesus, dem Weinstock zufließt. Das, was *wir* haben, taugt nur, Verwirrung zu verursachen. Wir gehen nie einen Schritt zum Himmel ohne den Heiligen Geist. Wir führen nie andere auf den Weg zu Gott ohne den Heiligen Geist. Wir haben weder Gedanken, Worte noch Taten, die vor Gott angenehm sind, ohne den Heiligen Geist. Sogar das Aufblicken voll Hoffnung und das Seufzen unserer Herzen im Gebet ist sein Werk. Alles Gute ist von ihm und durch ihn. Ich brauche hier keine Übertreibung zu fürchten. Prägt aber diese Überzeugung unser tatsächliches Verhalten?

Anstatt nun weiter auszubreiten, was der Geist Gottes tut, möchte ich Sie auf Ihre Erfahrungen hinweisen und einige Fragen an Sie richten.

Erinnern Sie sich an Zeiten, wo der Geist Gottes in Fülle der Kraft in Ihrer Gemeinde war? Was für Zeiten waren das? Jeder Sonntag war ein hoher Festtag! Jene Gottesdienste waren wie die Anbetung Jakobs, als er sprach: »Fürwahr, der Herr ist an diesem Ort!« (1. Mose 28,16). Welch eine Wechselwirkung zwischen der geisterfüllten Predigt und den Hörern im Geist! Es liegt etwas wie Verklärung auf den Gesichtern der Hörer, während wir den Herrn Jesus verherrlichen und unsere Zuhörer sich an unserem Zeugnis erfreuen und es geradezu einsaugen. Haben Sie je einen der Herren von der neueren Schule gesehen, der sich seiner eigenen Botschaft erfreute? Prediger des Evangeliums sind sehr fröhlich, wenn sie das vortragen, was unsere liberalen Freunde »Plattheiten« zu nennen pflegen, die aber in ihrer Weisheit keine solche Freude fühlen. Wie verdrießlich verbreiten sie sich etwa über die »Nachexilische Theorie«. Sie erinnern mich an Ruskins Ausspruch: »Wer in der Tretmühle steckt, freut sich nicht an der Mühle.« Ich garantiere Ihnen, es ist bei jenen nichts vorhanden, woran man sich erfreuen könnte, und sie sind offensichtlich froh, mit ihrer Aufgabe, fleischlose Knochen aufzuhäufen, irgendwie zu Rande zu kommen. Sie stehen an einer leeren Krippe und vergnügen sich damit, auf das Holz zu beißen. Sie bringen ihre Predigten zu Ende und langweilen sich, bis der Montag kommt mit einem Fußballspiel, einer Schulfeier oder einer politischen Versammlung. Für sie ist das Predigen »Arbeit«, obwohl sie nicht viel Arbeit daran wenden. Die alten Prediger, und einige von denen, die jetzt leben, aber als »veraltet« gelten, halten die Kanzel für einen Triumphwagen und sind dem Himmel nah, wenn ihnen geholfen wird, mit Kraft zu predigen. Arme Narren, die wir sind, wenn wir unser »antiquiertes« Evangelium predigen. Wir haben Freude an der Arbeit. Unsere »düsteren« Lehren machen uns sehr glücklich. Sonderbar, nicht wahr? Das Evangelium ist offensichtlich Mark und Fett für uns, und unser Glaube – obwohl er natürlich sehr absurd und unphilosophisch ist – befriedigt uns und macht uns sehr zuversichtlich und glücklich. Ich kann von einigen meiner Brüder sagen, daß ihre Augen zu glänzen und ihre Seelen zu glühen scheinen, wenn sie über die freie Gnade oder die für uns sterbende Liebe unseres Heilandes reden. Es ist so, meine Brüder, wenn wir die Gegenwart Gottes fühlen, werden wir und unsere Hörer hingerissen vor Freude.

Und das ist nicht alles. Wenn der Geist Gottes gegenwärtig ist, dann liebt jeder Heilige seinen Mitbruder, und es ist kein Streit unter uns. Dann ringen wir siegreich im Gebet, und die Predigt sät guten Samen und erntet reiche Garben. Dann gibt es reichlich Bekehrungen. Abgewichene kommen wieder zurück, und allenthalben sehen wir Fortschritte in der Gnade. Halleluja! Mit dem Geist Gottes geht alles gut.

Aber kennen Sie den entgegengesetzten Zustand? Ich hoffe, Sie kennen ihn nicht. Ich denke, Sie sind bei Ihren wissenschaftlichen Experimenten nie so grausam gewesen, eine Maus unter ein Glas zu bringen und die Luft allmählich herauszupumpen. Ich habe von diesem Experiment gelesen. Ach, arme Maus! Wenn die Luft dünn und dünner wird, wie groß sind ihre Leiden, und wenn alle Luft heraus ist, dann liegt sie da – tot.

Haben Sie sich jemals geistlich in einem solchen Zustand befunden? Es wird nicht lange gedauert haben, bis Sie feststellten, daß rasche Flucht das Beste für Sie ist. Jemand sagte unlängst zu mir: »Nun, in der Predigt, die ich von einem modernen Theologen hörte, war nicht sehr viel Schädliches, denn in dieser Predigt brachte er keine falsche Lehre. Aber die ganze Sache war ungemein kalt. Ich kam mir vor wie ein Mann, der in eine Gletscherspalte gefallen ist, und ich fühlte mich eingeschlossen, als wäre ich unfähig, Himmelsluft zu atmen.« Sie kennen jene Polarkälte, die gelegentlich zu fühlen ist, selbst da, wo die Lehre gesund ist. Wenn der Geist Gottes gewichen ist, wird sogar die Wahrheit selbst ein Eisberg. Wie elend ist ein gefrorener und lebloser Glaube! Der Heilige Geist ist gewichen, und alle Energie und Hingabe ist mit ihm verschwunden. Die Situation ist dann wie auf einem alten Segelschiff, das von einer Windstille überfallen wurde. Im Schiff erstirbt alles Leben. Wir haben es in manchen Kirchen so gefunden. Wenn der Geist gewichen ist, so herrscht der Tod und die Gemeinde ist ein Grab. Darum müssen wir ihn bitten, bei uns zu bleiben, und wir dürfen nicht ablassen, bis er es tut.

O Brüder, laßt es nicht so sein, daß ich jetzt zu Ihnen hierüber spreche und wir dann nicht weiter an die Sache denken, sondern laßt uns alle mit ganzem Herzen danach streben, daß die Kraft Gottes unter uns wirksam bleibe.

Haben wir den Heiligen Geist empfangen? Ist er jetzt mit uns? Wenn ja, *wie können wir uns seiner Gegenwart für die Zukunft versichern?* Können wir ihn nötigen, bei uns zu bleiben?

Ich möchte zuerst sagen, *behandeln Sie ihn, wie er behandelt werden sollte:* reden Sie niemals von ihm als etwas Unpersönlichem. Sprechen Sie nicht von ihm, als wäre er eine Lehre oder ein Einfluß oder ein orthodoxer Mythos. Ehren Sie ihn, lieben Sie ihn, verlassen Sie sich auf ihn mit einer vertraulichen, aber ehrfurchtsvollen Zuversicht. Er ist Gott, möge er für Sie Gott sein.

Sehen Sie zu, daß Sie in Übereinstimmung mit seinem Wirken handeln. Der Seefahrer kann nicht die Winde nach seinem Gefallen schaffen, aber er weiß, wann die Passatwinde wehen und nutzt diese Zeit zu seinem Vorteil, um die Fahrt seines Schiffes zu beschleunigen. Stechen Sie in See zu heiligen Unternehmungen, wenn der himmlische Wind mit Ihnen ist. Benutzen Sie die heiligen Flutzeiten. Mehren Sie die Zahl Ihrer Versammlungen, wenn Sie den Eindruck haben, daß der Geist Gottes sie segnet. Verkündigen Sie die Wahrheit noch eindringlicher, wenn der Herr Ohren und Herzen aufnahmebereit gemacht hat. Sie werden merken, wenn der Tau fällt; wissen Sie die gnädige Heimsuchung zu schätzen. Der Landwirt sagt: »Macht Heu, während die Sonne scheint.« Sie können die Sonne nicht scheinen lassen; das liegt ganz außerhalb Ihrer Macht. Aber Sie können die Sonne nutzen, während sie scheint. »Wenn du das Rauschen in den Wipfeln der Bakabäume hörst, so mache dich auf« (2.Sam. 5,24). Seien Sie fleißig zur Zeit und zur Unzeit, aber in einer Zeit der Erweckung seien sie doppelt fleißig.

Allezeit, beim Beginnen, beim Fortsetzen und beim Beenden eines jeden Werkes *verlassen Sie sich bewußt und wahrhaftig auf den Heiligen Geist.* Selbst das Gefühl, daß Sie seiner bedürfen, muß er Ihnen geben; und die Gebete, in welchen Sie um sein Wirken bitten, müssen von ihm kommen. Sie sind mit einer Arbeit beschäftigt, die so geistlich, so weit über alle menschliche Kraft hinaus ist, daß die Niederlage sicher ist, wenn Sie den Heiligen Geist vergessen. Lassen Sie ihn das Ein und Alles aller Ihrer Anstrengungen sein. Gehen Sie so weit, zu sagen: »Wenn nicht dein Angesicht vorangeht, so führe uns nicht von hier hinauf« (2.Mose 33,15). Trauen Sie nur auf ihn, denn damit geben Sie Gott allein die Ehre. Achten Sie mit besonderer Sorgfalt darauf, denn er hat gesagt: »Ich will meine Ehre keinem andern geben« (Jes. 42,8). Tragen Sie Sorge, Gottes Geist aus tiefstem Herzen zu preisen und dankbar zu staunen, daß er sich herabläßt, durch Sie zu wirken. Ehren Sie ihn dadurch, daß Sie Christus verherrlichen. Huldigen Sie ihm, indem Sie seinem Antrieb folgen und alles hassen, was ihn betrübt. Die Hingabe Ihres ganzen Lebens wird der beste Psalm zu seinem Lobe sein.

Zum Schluß möchte ich noch an einige Punkte erinnern. Der Heilige Geist hat seine Art und seine eigene Methode, so daß es einige Dinge gibt, die er nicht tun will.

Denken Sie daran, *daß er nirgends verheißen hat, Kompromisse zu segnen.* Wenn wir einen Vertrag mit dem Irrtum oder der Sünde schließen, so tun wir es auf eigene Gefahr. Wenn wir etwas tun, über das wir uns nicht im klaren sind, wenn wir der Wahrheit oder Heiligkeit Abbruch tun, wenn wir Freunde der Welt sind, wenn wir fleischliche Gemächlichkeit lieben, wenn wir halbherzig predigen und mit Irrlehren verbunden sind, so haben wir keine Verheißung, daß der Heilige Geist mit uns sein wird. Die große Verheißung lautet ganz anders: »Darum ›zieht aus von ihnen und sondert euch ab‹, spricht der Herr; ›und rührt nichts Unreines an, so will ich euch annehmen und euer Vater sein, und ihr sollt meine Söhne und Töchter sein‹, spricht der Herr, der Allmächtige« (2.Kor. 6,17.18). Dieser Vers ist im Neuen Testament mit Ausnahme der Offenbarung die einzige Stelle, wo Gott »der Allmächtige« genannt wird. Wenn Sie wissen wollen, welch große Dinge der Herr tun kann als der Allmächtige, so sondern Sie sich ab von der Welt und all denen, die von der Wahrheit abfallen. Wir werden niemals Gott in seiner Macht kennenlernen, der »all unseren Mangel ausfüllen wird« (Phil. 4,19), bis wir ein für allemal die Verbindung mit allem abgeschnitten haben, was ihm nicht gefällt. Das war großartig von Abraham, als er zu dem König von Sodom sprach: »daß ich von allem, was dein ist«, etwas nehme, ein babylonisches Gewand oder einen Goldklumpen? Nein, nein! – »nicht einen Faden noch einen Schuhriemen nehmen will« (1. Mose 14,23). Das war ein »grader Schnitt«. Der Freund Gottes will nichts mit Sodom oder mit falscher Lehre zu tun haben. Wenn Sie irgend etwas sehen, was böse ist, so trennen Sie sich konsequent davon. Seien Sie fertig mit denen, die mit der Wahrheit fertig sind. Dann werden Sie vorbereitet sein, die Verheißung zu empfangen und nicht eher.

Und denken Sie daran: wo große Liebe ist, wird auch große Leidenschaft sein. »Liebe ist stark wie der Tod und Leidenschaft unwiderstehlich wie das Totenreich« (Hld. 8,6). »Gott ist Liebe« (1.Joh. 4,16), und hinzu gehört: »Ich, der Herr, dein Gott, bin ein eifernder Gott« (2.Mose 20,5). Halten Sie sich fern von allem, was verunreinigt oder was den Heiligen Geist betrübt; denn wenn wir ihn betrüben, so werden wir bald vor dem Feind zuschanden werden.

Beachten Sie auch, *daß Gott der Feigheit keine Verheißung gibt.* Wenn Sie der Menschenfurcht gestatten, Sie zu beherrschen, und sich vor Leiden oder Spott zu sichern wünschen, so werden Sie wenig Trost in den Verheißungen Gottes finden. »Wer sein Leben erhalten will, der wird's verlieren« (Mk. 8,35). Die Verheißungen in unserem Krieg sind für die, welche wie Männer handeln und durch den Glauben in der Stunde des Kampfes tapfer sind. Ich wünschte, wir wären so weit gekommen, daß wir Spott und Verleumdung völlig verachten würden. Oh, daß wir die Selbstverleugnung jenes italienischen Märtyrers hätten, von dem aus der Zeit der Inquisition erzählt wird. Man verurteilte ihn zum Feuertod bei lebendigem Leibe. Er hörte das Urteil gelassen an. Aber Sie wissen, daß das Verbrennen der Märtyrer, wie »ergötzlich« es auch zu sein schien, zur gleichen Zeit doch sehr kostspielig ist. Und der Bürgermeister der Stadt hatte keine Lust, das Brennholz zu bezahlen; aber die Priester, die ihn angeklagt hatten, wollten das Werk ohne zusätzliche Kosten für sie selbst getan sehen. So gerieten sie in einen zornigen Streit, und der arme Mann, zu dessen Nutz und Frommen das kostbare Holz herbeigeschafft werden sollte, stand dabei und hörte ruhig ihre gegenseitigen Beschuldigungen an. Als er feststellte, daß sie sich nicht einig werden konnten, sagte er: »Meine Herren, ich will ihrem Streit ein Ende machen. Es wäre zu bedauern, wenn sie so viele Unkosten auf sich nehmen wollten, das Holz für meine Verbrennung zu besorgen. Um meines Herrn willen werde ich, wenn es Ihnen recht ist, das Holz bezahlen, das mich verbrennen soll.« Es liegt ein feiner Anflug von Verachtung als auch von Sanftmut in seinen Worten. Ich weiß nicht, ob ich diese Rechnung bezahlt hätte; aber ich fühlte mich manchmal geneigt, ein wenig extra zu tun, um den Feinden der Wahrheit zu helfen, Stoff für ihre Kritik über mich zu finden. Ja, »ich will noch geringer werden« (2. Sam. 6,22), und ihnen noch mehr zu klagen geben. Ich will die Kontroverse, in der wir jetzt stehen, um Christi willen zu Ende führen und durchaus nichts tun, um ihren Zorn zu besänftigen.

Brüder, wenn Sie ein wenig schwanken, wenn Sie versuchen, ein wenig von Ihrem guten Ruf bei den Männern des Abfalls zu retten, so wird es Ihnen schlecht ergehen. Wer sich Christi und seiner Worte schämt in diesem bösen Geschlecht, der wird finden, daß Christus sich seiner am letzten Ende schämt.

Denken Sie ferner daran, *daß der Heilige Geist niemals sein Siegel auf einen Irrtum setzen wird.* Niemals! Wenn das, was Sie predigen, nicht die Wahrheit ist, so wird Gott es nicht anerkennen. Seien Sie hier sehr achtsam.

Was noch wichtiger ist, *der Heilige Geist setzt niemals seine Unterschrift unter ein leeres Blatt.* Das würde schon unklug von einem Menschen sein, und der Herr wird niemals eine solche Torheit begehen. Wenn wir nicht eine klare Lehre in deutlichen Worten vortragen, wird der Heilige Geist nicht seine Unterschrift unter unser leeres Geschwätz setzen. Wenn wir nicht eindeutig Christus den Gekreuzigten predigen, so können wir dem wirklichen Erfolg Lebewohl sagen.

Denken Sie daran, *daß der Heilige Geist niemals Sünde gutheißen wird.* »Reinigt euch, die ihr des Herrn Geräte tragt« (Jes. 52,11). Achten Sie darauf, daß ihr Lebenswandel und Charakter mit ihrer Lehre übereinstimmen, und daß Ihre Gemeinden von allen offenbaren Übertretern gereinigt werden, sonst wird der Heilige Geist Ihr Predigen nicht anerkennen; nicht um des Inhalts willen, sondern wegen des unheiligen Lebens, das es verunehrt.

Denken Sie auch daran, *daß er niemals Trägheit belohnen wird.* Der Heilige Geist wird nicht herbeieilen, um uns vor den Folgen absichtlicher Vernachlässigung des Wortes Gottes und des Studiums zu retten. Wenn wir uns gestatten, die ganze Woche herumzuspazieren, und nichts tun, so können wir nicht die Kanzelstufen hinaufsteigen und davon träumen, daß der Herr dann da sein werde, um uns zu sagen, was wir reden sollen. Wenn solchen Leuten Hilfe verheißen wäre, dann: je fauler der Mann, desto besser die Predigt. Aber es heißt: »Halte an mit Lesen« (1. Tim. 4,13). Wir sind verpflichtet, viel nachzudenken und uns dem Wort Gottes unter Gebet zu widmen, und wenn wir das getan haben, können wir die Unterstützung des Heiligen Geistes erwarten. Wir sollen die Predigt vorbereiten, als wenn alles von uns abhinge, und dann sollen wir dem Geist Gottes vertrauen, in dem Bewußtsein, daß alles von ihm abhängt. Der Heilige Geist sendet niemand in die Ernte, um unter den Garben zu schlafen, sondern um unter der Last und Hitze des Tages zu arbeiten. Es ist gut, wenn wir Gott bitten, mehr Arbeiter in den Weinberg zu senden, der Geist will die Kraft der Arbeiter sein; aber er wird niemals der Freund von Faulenzern werden.

Lassen Sie sich auch daran erinnern, *daß der Heilige Geist uns nicht segnen wird, um unserem Stolz Nahrung zu geben.* Ist es nicht möglich, daß wir einen großen Segen wünschen, um für große Männer gehalten zu werden? Das wird unseren Erfolg hindern: die Sehne des Bogens ist nicht in Ordnung, und der Pfeil geht seitwärts. Was macht Gott mit Menschen, die stolz sind? Erhöht er sie? Ich meine nicht. Herodes hielt eine glänzende Ansprache und zog königliche Kleider an, und als das Volk seine Gewänder sah und seine bezaubernde Stimme hörte, rief es: »Eines Gottes Stimme und nicht eines Menschen!« (Apg. 12,22). Aber der Herr schlug ihn, und er wurde von den Würmern gefressen. Würmer haben ein beständiges Anrecht auf »stolzes Stück Fleisch«. »Wer zugrunde gehen soll, der wird zuvor stolz, und Hochmut kommt vor dem Fall« (Spr. 16,18). Bleiben Sie demütig, wenn sie den Geist Gottes bei sich haben wollen. Der Heilige Geist hat kein Gefallen an der aufgeblasenen Rede des Stolzen. Wir wollen »Gottes Wort halten und Liebe üben und demütig sein vor Gott« (Micha 6,8).

Bedenken Sie weiter, *daß der Heilige Geist nicht wohnen wird, wo Streit ist.* Lassen Sie uns Frieden mit allen Menschen erstreben und besonders Frieden in unseren Gemeinden halten. Einige von Ihnen können sich dieses Segens nicht erfreuen, und möglicherweise ist es nicht einmal Ihre Schuld. Sie haben alte Fehden geerbt. In manchem kleinen Kreis sind alle Glieder der Gemeinde Vettern, und Verwandte sind meistens darin einig, uneinig zu sein. Wenn Vettern ihre Verwandten hintergehen, so wird der Same des Übelwollens gesät und der dringt selbst in das Gemeindeleben ein. Es ist auch möglich, daß die Willkür und Rücksichtslosigkeit Ihres Vorgängers auf Jahre hinaus viel Zank erzeugt hat. Er war ein Kriegsmann von Jugend auf, und selbst, wenn er gegangen ist, wirken die Geister, die er aus der ungeheuren Tiefe heraufrief, noch weiter. Ich fürchte, Sie können nicht viel Segen erwarten, denn die heilige Taube wohnt nicht an trüben Wassern: sie ist da, wo brüderliche Liebe vorhanden ist. Für große Prinzipien und die Sache heiliger Zucht dürfen wir selbst den Frieden aufs Spiel setzen; aber für das eigene Ich oder für eine Partei sollte das fern von uns sein.

Zuletzt denken Sie daran, *daß der Heilige Geist nur segnen wird in Übereinstimmung mit seinem eigenen Ziel.* Unser Herr sagt uns, was dieses Ziel ist. »Er wird mich verherrlichen« (Joh. 16,14). Er ist herabgekommen, um diese große Aufgabe zu erfüllen, und er wird nicht mit weniger zufrieden sein. Wenn wir also nicht Christus predigen, was soll der Heilige Geist dann mit unseren Predigten machen? Wenn wir nicht den Herrn Jesus verherrlichen, wenn wir ihn nicht hoch in der Achtung der Menschen erheben, wenn wir uns nicht bemühen, ihn als König der Könige und als Herrn der Herren zu proklamieren, so wird der Heilige Geist nicht mit uns sein. Vergeblich wird Rhetorik, Musik, Bildung, Begabung und Energie sein: wenn unser einziges Ziel nicht das ist, den Herrn Jesus zu verherrlichen, so werden wir allein arbeiten und vergeblich arbeiten.

Dies ist alles, was ich Ihnen hier zu sagen habe; aber, meine lieben Brüder, es ist ein großes Alles, wenn es zuerst durchdacht und dann ausgeführt wird. Mögen die Worte eine praktische Wirkung auf unser Leben haben! Wenn der große Werkmeister diese Worte dazu gebrauchen kann, dann wird es so sein, sonst nicht. Gehen Sie hinaus, Streiter Jesu, mit »dem Schwert des Geistes«, welches Gottes Wort ist (Eph. 6,17). Gehen Sie hinaus mit dem Heer der Gottesfürchtigen, mit der Gemeinde; und möge jeder von Ihnen stark in dem Herrn und in der Macht seiner Stärke sein. Als Männer, »die aus den Toten lebendig sind« (Röm. 6,13), gehen Sie hinaus in der lebendigmachenden Kraft des Heiligen Geistes, Sie haben keine andere.

Möge der Segen des dreieinigen Gottes auf einem jeden von Ihnen ruhen, um des Herrn Jesu Christi willen! Amen.

Es steht geschrieben

Denkende Menschen suchen nach einer festen Glaubensgrundlage. Es ist kein Vergnügen, immer auf dem Meer zu sein. Irgendwann möchten wir gerne an Land gehen und festen Boden unter den Füßen haben. Aber wo finden wir das? Wir haben einen Fels der Wahrheit, der nicht wankt, auf den wir bauen und trauen können. Unsere unfehlbare Grundlage ist das: »Es steht geschrieben.« Die Bibel, die ganze Bibel und nichts als die Bibel ist unser Bekenntnis. Sie allein ist unser Maßstab.

Man sagt, die Bibel sei schwer zu verstehen, aber das trifft nicht zu für die, welche die Leitung des Geistes Gottes suchen. In ihr sind große Wahrheiten zu finden, die über unser Fassungsvermögen hinausgehen und uns zeigen, wie flach unsere begrenzte Vernunft ist. Aber in den Haupt- und Fundamentalaussagen ist die Bibel nicht schwer zu verstehen. Und sie eignet sich auch nicht zur Entschuldigung für alle möglichen Spekulationen, von welchen die Menschen behaupten, daß sie der Bibel entnommen seien. Ein Anfänger in der Gnade, der von Gottes Geist unterwiesen ist, kann den Willen des Herrn in bezug auf seine Seligkeit wissen und seinen Weg zum Himmel finden – allein vom Wort geleitet. Aber ob tief oder einfach, das ist nicht die Frage; es ist das Wort Gottes und damit die reine, irrtumslose Wahrheit. Dieses großartige, unfehlbare Buch ist unser einziges Appellationsgericht.

Ganz besonders möchte ich mich an die Neubekehrten wenden, die in der letzten Zeit den Heiland gefunden haben, denn sie müssen dieses Buch als das Schwert des Geistes benutzen in den geistlichen Kämpfen, die ihnen bevorstehen. Ich möchte sie inständig bitten, diesen Teil der ganzen Waffenrüstung Gottes zu ergreifen, damit sie in der Lage sind, dem Feind ihrer Seele zu widerstehen.

»Es steht geschrieben.« Ich werde diese Waffe, die uns nie im Stich läßt, dem Gebrauch unserer jungen Streiter empfehlen, indem ich sie auf drei Dinge aufmerksam mache. Zuerst will ich daran erinnern, daß sie *die Waffe unseres Vorkämpfers Jesus Christus* selbst ist. Zweitens gilt es zu beachten, *wozu er diese Waffe benutzte;* und drittens wollen wir darauf achten, *wie er sie handhabte.*

Da wurde Jesus vom Geist in die Wüste geführt, um vom Teufel versucht zu werden. Und als er vierzig Tage und vierzig Nächte gefastet hatte, war er hungrig. Da trat der Versucher zu ihm und sagte: Bist du Gottes Sohn, so sprich, daß diese Steine Brot werden. Er aber antwortete: Es steht geschrieben: »Der Mensch lebt nicht vom Brot allein, sondern von jedem Wort, das aus Gottes Mund kommt.« Da führte ihn der Teufel mit sich in die heilige Stadt, stellte ihn auf die Zinne des Tempels und sagte zu ihm: Bist du Gottes Sohn, so wirf dich hinab; denn es steht geschrieben: »Er wird seinen Engeln deinetwegen Befehle geben; und sie werden dich auf den Händen tragen, damit du nicht mit deinem Fuß an einen Stein stößt.« Da sagte Jesus zu ihm: Es steht auch geschrieben: »Du sollst den Herrn, deinen Gott, nicht versuchen.« Dann führte ihn der Teufel mit sich auf einen sehr hohen Berg, zeigte ihm alle Reiche der Welt und ihre Herrlichkeit und sagte zu ihm: Das alles will ich dir geben, wenn du niederfällst und mich anbetest. Da sagte Jesus zu ihm: »Du sollst den Herrn, deinen Gott, anbeten und ihm allein dienen.« Da verließ ihn der Teufel. Und siehe, da traten Engel zu ihm und dienten ihm.

(Matthäus 4,1–11)

1. *Die Bibel – die Waffe unseres Herrn*

Ich empfehle jedem Christen den beständigen Gebrauch des unfehlbaren Wortes, weil unser Vorkämpfer diese Waffe wählte, als er vom Satan in der Wüste angegriffen wurde. Er hatte eine große Auswahl von Waffen, mit denen er gegen Satan kämpfen konnte, aber *er nahm keine andere Waffe als dieses Schwert des Geistes: »Es steht geschrieben«*.

Unser Herr hätte den Satan durch Engelmächte besiegen können. Er brauchte nur seinen Vater zu bitten, und sein Vater würde ihm zwölf Legionen Engel gesandt haben, gegen deren mächtigen Angriff der Erzfeind keinen Augenblick hätte bestehen können. Und wenn der Herr nur die Macht seiner Gottheit gebraucht hätte, so würde ein einziges Wort den Versucher in die Hölle zurückgeschickt haben. Aber anstatt göttlicher Macht benutzte er das: »Es steht geschrieben« und lehrte so seine Gemeinde, daß sie niemals die Hilfe der Gewalt herbeirufen oder fleischliche Waffen gebrauchen soll, sondern nur der Macht zu vertrauen hat, die in dem Wort Gottes liegt. Dies ist unsere Streitaxt und unsere Kriegswaffe. Die Schirmherrschaft oder die Macht der Staatsgewalt sind nicht für uns geeignet; ebensowenig dürfen wir Bestechungen oder Drohungen gebrauchen, um Menschen zu Christen zu machen. Ein geistliches Reich muß allein durch geistliche Macht aufgerichtet und erhalten werden. Unser Herr hätte den Versucher niederwerfen können, indem er seine eigene Herrlichkeit enthüllt hätte. Der Glanz der göttlichen Majestät war verborgen in der Niedrigkeit seiner Menschheit; wenn er den Schleier einen Augenblick gelüftet hätte, so wäre der Feind in eine solche Verwirrung geraten wie die Eulen und Fledermäuse, wenn die Sonne in ihr Gesicht scheint. Aber der

Herr Jesus ließ sich herab, seine hohe Majestät zu verbergen und sich nur mit dem »Es steht geschrieben« zu verteidigen.

Unser Meister hätte auch Satan mit Rhetorik und Logik angreifen können. Warum argumentierte er nicht mit ihm über die vorgebrachten Sachen? Hier waren drei Vorschläge zu erörtern, aber unser Herr beschränkte sich auf das eine Argument: »Es steht geschrieben.«

Nun, ihr lieben Brüder, wenn unser Herr und Meister, bei all der Auswahl von Waffen, die er hätte benutzen können, doch dieses Schwert seines Gottes wählte, so laßt uns keinen Augenblick zögern, diese eine, einzige Waffe der Heiligen aller Zeiten zu ergreifen und festzuhalten. Werft das hölzerne Schwert menschlicher Vernunftsschlüsse weg. Vertraut nicht auf menschliche Beredsamkeit, sondern bewaffnet euch mit den verläßlichen Aussprüchen Gottes, der nicht lügen kann. Dann braucht ihr den Satan und alle seine Heere nicht zu fürchten. Jesus, darauf können wir uns verlassen, wählte die beste Waffe. Was für ihn am besten war, wird auch für uns am besten sein.

Es ist wichtig zu beachten, daß unser Herr diese Waffe *am Anfang seines Weges* benutzte. Er war noch nicht in die Öffentlichkeit getreten. Aber wenn ich den Ausdruck gebrauchen darf, als seine junge Hand noch ungeübt im öffentlichen Kampf war, ergriff er sogleich die Waffe, die für ihn geschmiedet und bereit war, und sagte kühn: »Es steht geschrieben.«

Ihr jungbekehrten Christen seid wahrscheinlich schon versucht worden oder werdet kurz davorstehen. Ich erinnere mich, daß ich schon in der ersten Woche, nachdem ich den Heiland gefunden hatte, einer sehr grimmigen geistlichen Versuchung ausgesetzt war, und es sollte mich nicht wundern, wenn euch das gleiche begegnet. Nun, ich bitte euch, tut, was Jesus tat, und ergreift fest das: »Es steht geschrieben«. Es ist ebensosehr die Waffe des Kindes wie die Verteidigung des starken Mannes. Wenn ein Gläubiger so groß wie Goliath ist, braucht er kein besseres Schwert als dieses, und wenn er nur ein Pygmäe in göttlichen Dingen ist, wird dieses Schwert ebensogut für seine Hand passen. Und es ist für die Defensive wie für die Offensive gleich wirksam.

Welche Gnade ist es für dich, junger Christ, daß du nicht zu beweisen und zu erfinden, sondern zu glauben und anzunehmen hast. Du hast nur in deiner Bibel nachzuschlagen, ein Wort zu finden und dieses auf den Satan zu schleudern wie einen Stein aus Davids Schleuder, und du wirst das Feld behalten. »Es steht geschrieben«, und was geschrieben steht, verfehlt nicht sein Ziel. Darin liegt die Stärke unserer Beweisführung. »Es steht geschrieben«, Gott hat es gesagt, und das ist genug. Oh, gesegnetes Schwert und gesegneter Schild, die ein kleine Kind schon gebrauchen kann, die auch die Ungelehrten und Einfältigen ergreifen können und die den Verzagten Kraft und den Schwachen Sieg geben.

Beachtet weiter, daß Christus diese Waffe aus allen anderen auswählte und in seinem ersten Kampf gebrauchte, als *kein Mensch zugegen* war. Die Heilige Schrift ist nicht nur im öffentlichen Lehren oder im Kämpfen für die Wahrheit wertvoll, ihre sanfte, leise Stimme ist ebenso mächtig, wenn der Knecht des Herrn persönliche Anfechtungen in der einsamen Wüste erduldet. Die schwersten Kämpfe eines wahren Christen sind gewöhnlich nur ihm selbst bekannt. Nicht im häuslichen Kreis begegnen uns die schärfsten Versuchungen, sondern im Kämmerlein. Nicht so sehr in der Fabrik als in der Abgeschiedenheit unseres Geistes kämpfen wir »mit Fürsten und Gewaltigen«. Für diese furchtbaren Zweikämpfe ist das beste Schwert und der beste Schild: »Es steht geschrieben«. Die Schrift ist gut, um einen anderen damit zu überführen, aber die Schrift ist am notwendigsten, um unsere eigene Seele zu trösten, zu verteidigen und zu heiligen. Ihr müßt geübt sein, die Bibel in der Einsamkeit zu gebrauchen und damit den schlauesten aller Feinde zurückzuschlagen, denn der Teufel ist wirklich eine persönliche Realität. Das wissen die meisten Christen aus Erfahrung, weil sie ihm gegenübergestanden haben und seine spitzfindigen Eingebungen, schrecklichen Einflüsterungen, lästerlichen Behauptungen und teuflischen Anklagen kennen. Wir sind von Gedanken verfolgt worden, die aus einem kräftigeren, erfahreneren und listigeren Geist kommen als aus unserem eigenen, und gegen diesen gibt es nur eine Verteidigung – dieses unfehlbare: »Es steht geschrieben«.

Kämpfe haben oft stattgefunden zwischen den Knechten Gottes und dem Satan, die in den unveröffentlichten Annalen der heiligen Geschichte, welche Gott aufzeichnet, denkwürdiger sind als die tapfersten Taten alter Helden, die die Menschen in ihren Nationalhymnen preisen. Wer mit dem Schall der Trompeten begrüßt wird, wessen Status auf öffentlichen Plätzen steht, ist nicht der einzige Sieger. Es gibt Überwinder, die gegen Engel gekämpft und gesiegt haben, deren Tapferkeit der Teufel selbst anerkennen muß. Sie alle schreiben ihre Siege der Gnade zu, die sie schulte, das unfehlbare Wort Gottes zu gebrauchen.

Lieber Freund, du mußt das »Es steht geschrieben« immer zur Hand haben. Einige laufen, sobald ein geistlicher Kampf beginnt, zu einem Freund, um Hilfe zu suchen. Ich möchte das nicht verurteilen, aber es würde weit besser sein, wenn sie sich zu dem Herrn und seinen Verheißungen wenden würden. Einige geben schon beim ersten Angriff alle Hoffnung auf. Handelt nicht so feige, sucht Gnade, um wie ein Mann zu widerstehen. Ihr müßt streiten, wenn ihr zum Himmel eingehen wollt. Schaut euch eure Waffe an, sie kann nicht verbiegen oder stumpf werden, schwingt sie mutig und stoßt zu. »Es steht geschrieben« wird durch Seele und Geist dringen und selbst den alten Drachen verwunden.

Beachtet, daß unser Herr diese Waffe *unter den schwierigsten Umständen* gebrauchte. Er war allein. Kein Jünger war da, der an seiner Not teilnahm. Aber das Wort war die Hilfe seiner rechten Hand, die Schrift verband sich mit ihm. Er war hungrig, denn er hatte vierzig Tage und Nächte gefastet. Hunger ist ein nagender Schmerz und oft sinkt der Geist ab, wenn es dem Körper an Nahrung mangelt. Doch das »Es steht geschrieben« hielt den Hunger in Schranken; das Wort nährte den Kämpfer mit einer Speise, die nicht bloß alle Schwäche vertrieb, sondern ihn stark im Geiste machte.

Sein Gegner hatte ihn in eine sehr gefährliche Stellung gebracht, auf die Zinne des Tempels. Doch er stand da und brauchte keinen anderen Standort für seine Füße als den, welchen ihm die Verheißungen Gottes boten. »Es steht geschrieben«, das machte ihn fähig, von der schwindelnden Höhe hinabzublicken und die Pläne des Versuchers zu vereiteln. Er wurde dort hingestellt, wo die Reiche der Welt zu seinen Füßen ausgebreitet lagen, ein unvergleichliches Panorama, das oft genug die Augen großer Männer geblendet und sie ins Verderben getrieben hat. Aber das »Es steht geschrieben« warf alle Schlingen des Ehrgeizes beiseite und lachte über das Blendwerk der Macht. Ob in der Wüste, ob auf dem Tempel, ob auf hohem Berge, keine Veränderung seiner Kampfmethode war nötig; das nie versagende »Es steht geschrieben« half in jeder Lage, in der er sich befand, und so wird es auch bei uns sein.

Mit ganzem Ernst möchte ich denen das Wort Gottes empfehlen, die erst kürzlich unter das Banner meines Gottes eingereiht wurden. Wie David von dem Schwert Goliaths sagte: »Seinesgleichen gibt es nicht«, so möchte ich von der Heiligen Schrift reden. Unser Herr wurde in allen Dingen versucht, in gleicher Weise wie wir, und hierin hat er Mitleid mit uns, aber er widerstand den Versuchungen, und darin ist er unser Vorbild. Wir müssen ihm folgen, wenn wir seine Siege mit ihm teilen wollen.

Denkt auch daran, daß unser Heiland *dabei blieb*, dieses eine Verteidigungsmittel zu gebrauchen, obwohl sein Gegner häufig seine Taktik änderte. Der Irrtum hat viele Gesichter, die Wahrheit aber nur eins. Der Teufel versuchte ihn, indem er Mißtrauen wecken wollte gegen den Vater im Himmel. Aber der Pfeil wurde abgewehrt mit dem Schild des »Es steht geschrieben«: »Der Mensch lebt nicht vom Brot allein, sondern von jedem Worte, das aus dem Mund Gottes kommt« (5.Mose 8,3). Der Feind versuchte einen Stoß gegen ihn zu führen von der Seite der Vermessenheit, indem er ihn versuchte, sich von der Tempelzinne hinabzuwerfen. Aber wie furchtbar fiel jenes zweischneidige Schwert auf das Haupt des bösen Geistes: »Es steht geschrieben: Du sollst den Herrn, deinen Gott, nicht versuchen« (5.Mose 6,16). Der letzte unverschämte Hieb wurde auf unseren Herrn gerichtet mit der Absicht, ihn auf seine Knie zu bringen: ». . . wenn du niederfällst und mich anbetest.« Aber er wurde mit zermalmender Kraft zurückgeschlagen durch das Wort: »Es steht geschrieben: Du sollst den Herrn, deinen Gott, anbeten und ihm allein dienen« (5.Mose 6,13). Das traf den Bösen ins Herz. Diese Waffe ist überall gut; gut für die Verteidigung und für den Angriff, unsere ganze Persönlichkeit zu schützen oder auch den Gegner im Kern zu treffen. Ihr könnt euch in keiner Lage befinden, für die das Wort Gottes nicht im voraus gesorgt hätte. Es hat so viele Gestalten und Augen wie die Vorsehung selbst. Auf das Wort Gottes ist Verlaß zu allen Zeiten in eurem Leben, in allen Umständen, in allen Prüfungen und unter allen Schwierigkeiten. Wäre es unvollkommen, so würde es im Ernstfall nutzlos sein, aber seine unfehlbare Wahrheit macht es für die Streiter des Kreuzes überaus wertvoll.

Ich empfehle euch also, Gottes Wort in eurem Herzen zu behalten und es in euren Seelen zu bewegen. »Laßt das Wort Christi reichlich unter euch wohnen . . . in aller Weisheit« (Kol. 3,16). Seid gewurzelt und gegründet und befestigt in seiner Lehre und durchtränkt mit seinem Geist. Für mich ist es eine große Freude, fleißig in dem Buch der Gnade zu forschen. Sie wird dadurch täglich stärker in mir. Dieses Buch wurde in alten Zeiten auf die Eingebung des Geistes hin geschrieben, aber ich habe erfahren, während ich meine Nahrung aus dem Wort Gottes schöpfte, daß es nicht nur inspiriert *war*, als es geschrieben wurde, sondern es immer noch ist. Es ist nicht nur ein geschichtliches Dokument, es ist ein Brief an mich, frisch aus der Feder Gottes. Es ist nicht eine Predigt, einst gehalten und nun beendet; es redet noch heute. Es ist nicht eine Blume, die getrocknet im Herbarium aufbewahrt wird, deren Schönheit vergangen und deren Duft verflogen ist. Nein, es ist eine frischblühende Blume im Garten Gottes, ebenso duftend wie zur Zeit, als er sie pflanzte. Ich sehe die Schrift nicht wie eine Harfe an, die früher von geschickten Fingern gespielt wurde und nun als ein Erinnerungsstück an der Wand hängt. Nein, sie ist ein Instrument mit zehn Saiten, das sich noch in den Händen des Sängers befindet und den Tempel des Herrn mit göttlicher Musik erfüllt. Die Heilige Schrift ist eine Aeolsharfe, durch welche der segenbringende Wind des Geistes beständig weht und geheimnisvolle Musik erzeugt, wie sie anderswo kein Ohr des Menschen vernimmt und sie auch hier nicht einmal vernimmt, wenn nicht sein Ohr durch das Anrühren des großen Arztes geöffnet ist. Der Heilige Geist ist in dem Wort, und es ist daher lebendige Wahrheit. O ihr Christen, seid davon überzeugt und laßt deshalb das Wort eure auserlesene Kriegswaffe sein.

2. *Die Bibel – wozu sie gebraucht wird*

Unser Herr Jesus Christus lehrt uns, wozu wir dieses »Es steht geschrieben« gebrauchen sollen. Achtet darauf, daß er es benutzte, um seine Gottessohnschaft zu *verteidigen*. Der Feind sagte: »Wenn du Gottes Sohn bist«, und Jesus erwiderte: »Es steht geschrieben«. Das war seine einzige Antwort. Er brachte keine Beweise vor, um seine Sohnschaft zu belegen; er erwähnte nicht einmal jene Stimme aus der Herrlichkeit, die sprach: »Dies ist mein geliebter Sohn«. Nein, sondern: »Es steht geschrieben«.

Nun, mein lieber junger Bruder, ich zweifele nicht, daß du schon unter diesem verführerischen »Wenn« zu leiden gehabt hast. Oh, wie glatt kommt es von den Lippen des Satans. Es ist sein Lieblingswort, der beste Pfeil in seinem Köcher. Er ist der Fürst der Skeptiker, und diese beten ihn an, während er sich über sie ins Fäustchen lacht, denn er selbst glaubt und zittert (Jak. 2,19). Eins seiner verderblichsten Werke ist, daß er die Menschen zum Zweifeln bringt. »Wenn« – mit welch boshaftem Lächeln flüstert er dieses Wort schon in das Ohr des Neubekehrten. »Wenn«, sagt er. »Du sagst, dir sei vergeben, du seiest gerechtfertigt und angenommen; aber wenn! Könntest du dich nicht doch getäuscht haben?« Nun, liebe Freunde, ich bitte euch, laßt Satan euch niemals von dem festen Grund des Wortes Gottes abbringen. Wenn er euch erst dahin bringt, zu denken, nur durch das, was ihr in euch selber feststellen könnt, wäre es möglich zu beweisen, daß Christus der Heiland der Sünder ist, so werdet ihr bald verzweifeln. Die Grundlage meines Glaubens liegt in Jesus und nicht in mir. Es ist töricht zu sagen: »Ich glaube an den Herrn Jesus, weil ich mich so glücklich fühle«, denn in einer halben Stunde kann ich mich elend fühlen. Sondern ich glaube an meine Errettung durch

Christus, weil geschrieben steht: »Glaube an den Herrn Jesus Christus, so wirst du gerettet werden« (Apg. 16,31). Ich glaube an das Heil in Christus, nicht weil es mit meiner Vernunft übereinstimmt und meinen Gefühlen zusagt, sondern weil geschrieben steht: »Wer an ihn glaubt, der wird nicht gerichtet. Wahrlich, wahrlich ich sage euch: Wer mein Wort hört und dem glaubt, der mich gesandt hat, der hat das ewige Leben« (Joh. 3,18; 5,24). Nichts kann diese Wahrheit ändern, sie steht fest und wird immer stehen. Bruder, bleibe dabei, komme, was wolle.

Der Satan wird euch sagen: »Ihr wißt, es gibt viele Beweise, könnt ihr die widerlegen?« Sagt ihm, er soll sich um seine eigenen Angelegenheiten kümmern. Er wird dir sagen: »Du weißt, wie unvollkommen du gewesen bist, selbst nach deiner Bekehrung.« Antworte ihm, daß er nicht so überaus vollkommen ist, daß er dich zu tadeln braucht. Wenn er sagt: »Wenn du wirklich ein anderer Mensch geworden wärest, würdest du nicht solche Gedanken und Empfindungen haben«, disputiere nicht mit ihm, sondern bleibe dabei, daß geschrieben steht: »Christus Jesus ist in die Welt gekommen, um Sünder zu erretten« (1.Tim. 1,15) und »alle, die an ihn glauben, werden nicht verlorengehen, sondern das ewige Leben haben« (Joh. 3,16). Wenn du an ihn glaubst, kannst du nicht verlorengehen, sondern hast das ewige Leben, denn so steht es geschrieben. »Es steht geschrieben«, darauf verlasse dich und du kannst nicht überwunden werden.

Auf der anderen Seite, wenn du das »Es steht geschrieben« verläßt –, Satan versteht das Disputieren besser als du, er ist sehr viel älter, hat die menschliche Natur sehr gründlich studiert und kennt alle unsere wunden Punkte, deshalb wird der Kampf ungleich sein. Streite dich nicht mit ihm, sondern schwinge vor seinen Augen mutig das Banner »Es steht geschrieben«. Der Satan kann die unfehlbare Wahrheit nicht ertragen, denn sie ist der Tod der Falschheit, deren Vater er ist. Solange Gottes Wort wahr ist, ist der Gläubige sicher; wenn das umgestürzt ist, so ist unsere Hoffnung verloren. Aber, Gott sei gedankt, nicht eher. Ihr, die ihr versucht werdet, flieht in eure feste Burg.

Unser Herr gebrauchte dann auch die Schrift, um *die Versuchung zu besiegen.* Er wurde zum Mißtrauen versucht. Da lagen Steine zu seinen Füßen, die in den Augen der Welt dem Brot glichen; es war kein Brot da und er war hungrig und das Mißtrauen sagte: »Gott hat dich verlassen, du wirst vor Hunger sterben; deshalb höre auf, ein Diener zu sein, werde Herr und befiehl, daß diese Steine Brot werden.« Doch Jesus trat dieser Versuchung, sich selber zu versorgen, entgegen, indem er sagte: »Es steht geschrieben.«

Nun ihr jungen Christen, die Vorsehung mag euch an einen Ort gestellt haben, wo ihr befürchtet, Mangel zu leiden. Und wenn ihr dann bange seid, daß Gott nicht für euch sorgen wird, so wird die dunkle Eingebung aufsteigen: »Ich will es wie die Ungläubigen machen und mir auf andere Weise Wohlstand verschaffen.« Es ist wahr, die Tat würde unrecht sein, aber viele würden sie begehen, und deshalb flüstert Satan: »Not hat kein Gebot. Ergreife die Gelegenheit, die sich dir bietet.« In einer solchen Stunde schlagt den Feind ab mit: »Es steht geschrieben: Du sollst nicht stehlen«. Es ist uns befohlen, niemals nach Fremdem zu greifen oder unseren Nächsten zu betrügen. Es steht geschrieben: »Hoffe auf den Herrn und tue Gutes, bleibe im Lande und nähre dich redlich. Habe deine Lust an dem Herrn, der wird dir geben, was dein Herz wünscht« (Ps. 37,3f).

Darauf versuchte Satan den Herrn zur Vermessenheit: »Wenn du Gottes Sohn bist, so wirf dich hinab.« Aber Christus hatte ein Schriftwort bereit, um den Stoß zu parieren.

Viele kommen in Versuchung, vermessen zu werden. »Du bist einer von Gottes Auserwählten, du kannst nicht umkommen; du kannst deshalb sündigen, du brauchst nicht so sehr sorgfältig zu sein, da du nicht endgültig fallen und verderben kannst«, so flüstert Satan, und nicht immer kann der unerfahrene Gläubige auf diese dummen Sophistereien antworten. Wenn wir irgendwann versucht sind, einem derartigen Nachsinnen nachzugeben, laßt uns daran denken, daß geschrieben steht: »Wachet und betet, damit ihr nicht in Anfechtung fallt« (Mt. 26,41). Es steht geschrieben: »Behüte dein Herz mit allem Fleiß, denn daraus quillt das Leben« (Spr. 4,23). Es steht geschrieben: »Ihr sollt heilig sein, denn ich bin heilig« (3. Mose 11,45). »Darum sollt ihr vollkommen sein, sowie euer Vater im Himmel vollkommen ist« (Mt. 5,48). Weg mit dir, Satan, wir dürfen nicht auf Gnade sündigen, das wäre eine diabolische Vergeltung auf Gottes Güte; wir verabscheuen mit Paulus die Idee zu sündigen, »damit die Gnade um so mächtiger werde« (Röm. 6,1).

Danach wird Satan uns anfechten mit der Versuchung, Gott zu verraten und andere Götter anzubeten. »Bete mich an«, spricht er, »und wenn du dies tust, wird dein Lohn groß sein.« Er stellt uns irgendeinen irdischen Gegenstand vor die Augen, den wir zum Abgott machen, irgendeinen selbstsüchtigen Zweck, den wir verfolgen sollen. Zu einer solchen Zeit ist das Wort Gottes unsere einzige Verteidigung: »Es steht geschrieben: Du sollst Gott, deinen Herrn lieben von ganzem Herzen, von ganzer Seele, mit allen Kräften und von ganzem Gemüte« (Lk. 10,27). »Ihr gehört nicht euch selbst, denn ihr seid teuer erkauft« (1. Kor. 6,19f). »Gebt eure Leiber hin als ein Opfer, das lebendig, heilig und Gott wohlgefällig ist. Das sei für euch der wahre Gottesdienst« (Röm. 12,1). »Kinder, hütet euch vor den falschen Göttern« (1.Joh. 5,21). Wenn wir Worte wie diese mit unserem ganzen Herzen anführen, werden wir nicht fallen. Ihr Lieben, wir müssen uns von der Sünde freihalten. Wenn Christus uns wirklich von der Sünde erlöst hat, können wir nicht den Gedanken ertragen, in Sünde zu fallen. Wer Freude an der Sünde finden kann, der ist kein Kind Gottes. Wenn ihr Kinder Gottes seid, so werdet ihr die Sünde vollkommen hassen lernen, und eure Seele wird sich vor ihr ekeln. Um euch von der Sünde freizuhalten, bewaffnet euch mit diesem heiligen und reinen Wort Gottes. Es wird euren Wandel reinigen und euer Herz der Stimme des dreimal heiligen Gottes gehorsam machen.

Ferner gebrauchte unser Herr das Wort als *Richtschnur für seinen Weg*. Das ist ein sehr wichtiger Punkt. Zu viele richten ihren Weg nach dem ein, was sie Fügungen nennen. Sie tun Unrechtes und sagen: »Es schien mir eine Fügung zu sein.« Ich möchte wissen, ob Jona, als er nach Japho hinabkam, um nach Tarsis zu fliehen, es als eine Fügung betrachtete, daß gerade ein Schiff nach Tarsis abging. Wenn es so war, dann gleicht er nur zu vielen heutzutage. Sie versuchen, ihre Schuld auf Gott zu schieben. Sie erklären, sie hätten sich verpflichtet gesehen, so zu handeln, wie sie es taten, weil die Fügung ihnen den Gedanken dazu eingab. Unser Herr ließ sich nicht durch die Umstände in seinem Verhalten leiten. Wohl jeder andere außer unserem Herrn würde dem Versucher gehorcht und dann gesagt haben: »Ich war sehr hungrig und saß in der Wüste, und es schien mir eine solche Fügung zu sein, daß ein Geist mich dort ausfindig machte und mir höflichst gerade das vorschlug, was ich brauchte, d.h. die Steine in Brot zu verwandeln.« Es war Fügung, aber es war eine prüfende Fügung. Wenn ihr versucht werdet, Böses zu tun, um eurer Not abzuhelfen, so sprecht zu euch selbst: »Diese Fügung stellt mich auf die

Probe, aber sie zeigt mir keineswegs, was ich tun soll, denn meine Regel ist: ›Es steht geschrieben‹.« Wenn ihr scheinbare Fügungen zu eurem Führer macht, so werdet ihr tausendmal irren, aber wenn ihr dem »Es steht geschrieben«, folgt, so wird »euer Schritt fest sein in seinem Wort« (nach Ps. 119,133).

Ebenso wenig sollen wir unsere besonderen Gaben und besonderen Vorrechte zu unseren Führern machen. Christus war auf der Zinne des Tempels und hätte die Möglichkeit gehabt, sich herabfallen zu lassen. Aber er gebrauchte seine besonderen Vorrechte nicht als einen Vorwand zur Vermessenheit. Es ist wahr, daß die Heiligen bewahrt bleiben sollen. Ich bin überzeugt davon, daß die Schrift unzweifelhaft lehrt, daß uns die Gnade bis ans Ende bewahrt. Aber ich soll nicht auf einen Lehrsatz hin vermessen handeln, sondern Gottes Wort gehorchen. Wenn jemand sagt: »Ich bin ein Kind Gottes, ich bin sicher, mir kann nichts passieren, deshalb lebe ich wie es mir gefällt«, so beweist er damit, daß er kein Kind Gottes ist, denn die Kinder Gottes verdrehen die Gnade Gottes nicht in Zügellosigkeit. Es würde der Logik des Teufels entsprechen, wenn man sagt: »Ich bin mehr als andere begnadigt, deshalb darf ich den Herrn mehr als andere erzürnen.« Es steht geschrieben: »Laßt uns ihn lieben, denn er hat uns zuerst geliebt« (Joh. 4,19) und »das ist die Liebe zu Gott, daß wir seine Gebote halten und seine Gebote sind nicht schwer« (1. Joh. 5,3).

Darauf versuchte Satan, den persönlichen Vorteil zum Führer unseres Herrn zu machen. »Dies alles will ich dir geben«, sprach er; aber Christus richtete sich in seinem Verhalten nicht nach seinem persönlichen Vorteil, sondern antwortete: »Es steht geschrieben.« Wie oft habe ich Leute sagen hören: »Ich bleibe nicht gerne in diesem Kreis, mit dem ich nicht übereinstimme, aber mit meinem nützlichen Wirken wäre es ganz vorbei, wenn ich aus ihm austräte.« Nach diesem System hätte unser Herr, wenn er bloß Mensch gewesen wäre, sagen können: »Wenn ich niederfalle und dieses kleine Ritual vollziehe, werde ich eine noble Sphäre für meine Wirksamkeit haben. Alle Reiche der Welt werden mein sein! Da sind diese armen, unterdrückten Sklaven: ich könnte sie in Freiheit setzen. Die Hungrigen und die Durstigen, wie könnte ich sie mit dem Nötigen versorgen; die Erde würde glücklich sein, wenn ich ihr König wäre. Dies ist in der Tat gerade das, wofür ich zu sterben gekommen bin. Und wenn es so leicht erreicht werden kann, in einem Nu, dadurch daß ich meine Knie vor dieser Person beuge, warum sollte ich es nicht tun?« Unser Herr war weit entfernt von diesem bösen Geist des Kompromisses. Ach, zu viele sagen jetzt: »Wir müssen in kleinen Punkten nachgeben. Es hilft nichts, allein zu stehen und sich in seine eigenen Ideen zu verrennen. Es geht nichts über das Nachgeben in Kleinigkeiten, um in größeren Dingen unseren Willen durchzusetzen.« So schwätzen heute viele, aber unser Herr sprach nicht so. »Es steht geschrieben« war sein Führer, nicht eine vordergründig nützliche Wirksamkeit oder sein persönlicher Vorteil. Mein lieber Bruder, es wird manchmal vorkommen, daß es dir sehr schrecklich erscheint, das Richtige zu tun. Dein Können wird Schiffbruch leiden, du wirst in Not geraten, aber ich bitte dich inständig, tue das Richtige, was es auch koste. Anstatt geehrt und geachtet zu sein und als ein Führer in der christlichen Kirche betrachtet zu werden, wirst du als einseitig und kleinlich angesehen werden, wenn du das Wort Gottes kompromißlos vorbringst. Aber sprich es offen aus, unbekümmert um das, was danach kommt. Wir haben nichts damit zu tun, was aus uns wird oder aus unserem Ruf, oder was aus der

Welt wird. Unsere alleinige Aufgabe ist es, den Willen unseres Vaters zu tun. »Es steht geschrieben« soll unsere Richtschnur sein, und mit Hartnäckigkeit, wie die Menschen es nennen, mit entschlossener Hingabe, wie es in Gottes Augen ist, laßt uns unserem Herrn und seinem unfehlbaren Wort folgen, durch Schlamm und Sumpf, durch Fluten und durch Flammen. Folgt dem geschriebenen Wort völlig und setzt niemals die Ganzheitlichkeit eures Gehorsams aufs Spiel, um eurer nützlichen Wirksamkeit willen oder wegen irgendeiner anderen Ausrede, die Satan euch in den Weg legt.

Beachtet außerdem, daß unser Herr das »Es steht geschrieben« gebrauchte, um *seine innere Gelassenheit zu bewahren.* Ich denke gern an die Ruhe Christi. Er ist nicht im Geringsten aus der Fassung gebracht worden. er ist hungrig und ihm wird vorgeschlagen, Brot zu erschaffen, und er antwortet: »Es steht geschrieben«. Er wird auf die Spitze des Tempels gehoben, aber er spricht: »Es steht geschrieben« – gerade so ruhig, wie wir es vielleicht sagen würden, wenn wir in einem Lehnstuhl sitzen. Da steht er, die ganze Welt zu seinen Füßen, auf ihre Herrlichkeit blikkend, aber er ist nicht geblendet. »Es steht geschrieben« ist auch da seine ruhige Antwort. Nichts gibt einem Menschen soviel Selbstbeherrschung, macht ihn so kühl und gelassen in allen Ereignissen, als wenn er immer wieder auf das unfehlbare Buch zurückkommt und sich der Aussprüche Gottes erinnert, der nicht lügen kann. Handelt so!

Der letzte Gedanke über diesen Punkt ist: Unser Herr lehrt uns die Schrift gebrauchen, um *den Feind zu besiegen und zu vertreiben.* »Weg mit dir«, sagt er zu dem bösen Geist, »denn es steht geschrieben«. Auch ihr werdet die Versuchung verjagen, wenn ihr fest daran haltet: »Gott hat es gesagt, Gott hat es verheißen; Gott kann nicht lügen.«

3. *Die Bibel – wie sie zu gebrauchen ist*

Ebenso wie unser Herr die Waffe auswählte und uns ihren Nutzen sichtbar machte, so zeigt er uns auch, *wie sie zu handhaben ist.* Wie sollen wir dieses Schwert »Es steht geschrieben« gebrauchen? Vor allem: *mit tiefster Ehrfurcht.* Laßt jedes Wort, das Gott gesprochen hat, Gesetz und Evangelium, Verpflichtung und Verheißung für euch sein. Spiele nie damit; versuche nie, seiner Stärke auszuweichen oder seine Meinung zu ändern. Gott spricht zu euch in diesem Buch ebenso, als wenn er wieder auf den Gipfel des Sinai herabkäme und seine Stimme im Donner erhöbe. Ich öffne gerne die Bibel und bete: »Herr, laß die Worte von dem Blatt in meine Seele hinüberspringen, mache Du sie selber lebendig, belebend, mächtig und frisch in meinem Herzen.« Unser Herr selber fühlte die Macht des Wortes. Es war weniger der Teufel, welcher die Macht des »Es steht geschrieben« fühlte, als Christus selbst. »Nein«, sprach er, »ich will nicht den Steinen befehlen, daß sie Brot werden, ich traue auf Gott, der mich ohne Brot erhalten kann. Ich will mich nicht vom Tempel herablassen, ich will nicht den Herrn, meinen Gott versuchen. Ich will nicht den Satan anbeten, denn Gott allein ist Gott.« Jesus Christus fühlte eine heilige Ehrfurcht vor dem Wort Gottes, und so wurde es eine Macht für ihn. Die Schrift geringschätzen heißt: sich ihres Beistandes berauben. Ehrt sie, ich bitte euch, und blickt mit andächtiger Dankbarkeit auf zu Gott, daß er sie uns gab.

Als nächstes: *Haltet sie immer bereit.* Unser Herr Jesus Christus hatte seine Antwort bereit, sobald er angegriffen wurde. – »Es steht geschrieben«. Ein schneller Rechner ist sehr wertvoll in einem Unternehmen, und ein bibelfester Christ ist sehr nützlich im Hause Gottes. Ihr müßt Schriftworte an den Fingern herzählen können; mehr noch, ihr müßt sie in euren Herzen haben. Es ist gut, im Gedächtnis viele Stellen des Wortes Gottes möglichst genau aufzuspeichern. Ein Christ sollte ebensowenig einen Fehler machen, wenn er ein Schriftwort zitiert,wie ein Philologe, wenn er Vergil oder Homer zitiert. Unser Herr wußte so vieles aus der Schrift, daß er aus einem einzigen Buch, dem 5. Buch Mose, alle Stellen entnehmen konnte, womit er den Kampf in der Wüste bestritt. Er hatte eine viel weitere Kenntnis, denn das ganze Alte Testament stand ihm zur Verfügung, aber er hielt sich an ein Buch, als wenn er Satan wissen lassen wollte, daß es ihm nicht an Munition mangeln würde. Wäre es dem Teufel in den Sinn gekommen, die Versuchung fortzusetzen, so hätte der Herr noch reiche Verteidigungsmittel in Reserve gehabt. »Es steht geschrieben« ist eine Waffenkammer, in welcher tausend Schilde hängen.

Die Bibel hat Worte jeder Art, die bei allen möglichen Ereignissen unsere Hilfe sind, stark genug, um auch jede Art von Angriff abzuschlagen. Brüder, studiert das Wort Gottes gründlich und habt es jederzeit parat. Wie nutzlos, es mit der Bibel zu machen wie jener Narr mit seinem Anker, den er zu Hause gelassen hatte, als er in einen Sturm geriet. Habt den unfehlbaren Zeugen stets zur Seite, wenn sich der Vater der Lüge euch nähert.

Bemüht euch auch, *die Bedeutung des Wortes zu verstehen* und so zu verstehen, daß ihr zwischen seiner Bedeutung und seiner Verdrehung unterscheiden könnt. Die Hälfte alles Unheils in der Welt und vielleicht mehr wird nicht durch eine offensichtliche Lüge angerichtet, sondern durch eine verdrehte Wahrheit. Der Teufel, der das weiß, nimmt einen Spruch der Bibel, beschneidet ihn, fügt etwas hinzu und greift Christus damit an. Aber unser Herr verachtet nicht die Schrift, weil der Teufel selbst sie zitieren kann, sondern antwortet ihm mit einem flammenden Text gerade ins Angesicht. Er sagt nicht: »Das andere steht nicht geschrieben, du hast es geändert«, sondern er gab ihm zu fühlen, was »Es steht geschrieben« hier wirklich hieß, und brachte ihn so in Verwirrung. Tut dasselbe. Forscht in dem Wort, sucht das rechte Verständnis zu gewinnen, achtet auf den Zusammenhang, und eignet euch Unterscheidungsvermögen an. So lernt ihr Fehler vermeiden, wenn ihr sagt: »Es steht geschrieben«. Es gibt einige, die irrtümlicherweise ihr Glaubensbekenntnis für eine der Schrift entsprechende Waffe halten, doch das kann es nicht sein. Auch Bibelzitate, aus dem Zusammenhang gerissen, verdreht und verfälscht, sind kein: »Es steht geschrieben.« Die klare Bedeutung des Wortes sollte man kennen und verstehen. Oh, lest das Wort und betet um die Salbung des Heiligen Geistes, damit ihr die Bedeutung des Wortes lernt, denn dann werdet ihr gegen den Feind mächtig sein.

Brüder, lernt auch, *die Schrift auf euch selber anzuwenden.* Einen der Verse, den unser Herr anführte, ändert er ein wenig. »Du sollst den Herrn, deinen Gott, nicht versuchen.« Im Original heißt es: »Ihr sollt den Herrn, euren Gott, nicht versuchen« (5.Mose 6,16). Aber der Singular liegt in dem Plural, und es ist immer ein Segen, wenn wir ihn darin finden. Lernt die Schrift so zu gebrauchen, daß ihr alle ihre Anweisungen, alle ihre Vorschriften, alle ihre Verheißungen, alle ihre Lehren auf euch selbst bezieht; denn das Brot, das auf dem Tisch liegen bleibt, ernährt nicht; nur das Brot, das ihr eßt, wird euch wirklich sättigen und kräftigen. Wenn ihr euch die Worte angeeignet habt, so *steht zu den Worten,* was immer es auch kosten mag. Wenn das Aufgeben nur eines Verses euch fähig macht, Steine in Brot zu verwandeln, so gebt ihn *nicht* auf; wenn das Verwerfen einer Vorschrift euch fähig macht, durch die Luft zu fliegen wie ein Seraph, so verwerft sie *nicht*. Wenn ein Handeln gegen das Wort Gottes euch zum Kaiser der ganzen Welt machen würde, nehmt das angebotene Geschenk *nicht* an. Sei ein Mann der Bibel. Geh so weit, wie die Bibel geht, aber nicht einen Zoll darüber hinaus. Ob Luther oder Calvin euch winken sollten und ihr sie schätzt, oder Wesley winken sollte und ihr ihn schätzt: haltet euch an die Schrift, an die Schrift allein. Wenn euer Prediger irregehen sollte, betet, daß er wieder zurückgebracht werde, aber folgt ihm nicht. Wenn nun wir oder ein Engel vom Himmel ein anderes Evangelium predigen würde, als dieses Buch euch lehrt, dann schenkt uns, ich bitte euch, keine Aufmerksamkeit – nein, keinen einzigen Augenblick lang. Haltet euch an das Zeugnis des Heiligen Geistes in diesem Buch.

Denkt zuletzt noch daran, daß unser Herr seinerzeit *voll Geistes* war. »Jesus aber, voll Heiligen Geistes, kehrte vom Jordan zurück und wurde vom Geist in die Wüste geführt« (Lk. 4,1). Das Wort Gottes ohne den Heiligen Geist wird euch von keinem Nutzen sein. Wenn ihr ein Buch nicht versteht, kennt ihr den besten Weg, seinen Inhalt zu begreifen? Schreibt an den Verfasser und fragt ihn, was er meint. Wenn ihr ein Buch zu lesen habt und der Verfasser für euch stets zugänglich ist, braucht ihr nicht zu klagen, daß ihr es nicht verstehen könnt. Der Heilige Geist ist gekommen, um immer bei uns zu bleiben. Forscht in der Schrift, aber bittet um das Licht des Geistes und lebt unter seinem Einfluß. So stritt Jesus, voll Geistes, mit dem Teufel. Er schlug ihn mit dieser Waffe des Wortes Gottes, weil der Geist Gottes in ihm war. Geht, mit dem Wort Gottes als einem zweischneidigen Schwert in eurer Hand. Aber ehe ihr den Kampfplatz betretet, bittet um den Heiligen Geist, daß er euch erfülle. Dann werdet ihr alle Gegner überwinden und Sieger bleiben. – Möge Gott euch segnen um Jesu willen. Amen.